普通の家でも起こる

相続トラブル対策入門

新相続法 2020年 施行に 対応

［監修］細越善斉
［共同監修］円満相続を応援する士業の会
［著］エッサム

あさ出版

まえがき

２０１９年７月１日から、約40年ぶりに改正された相続法が施行されています（一部は２０１９年１月13日、２０２０年４月１日の施行）。主な改正項目は次に挙げたとおりです。

①配偶者居住権・配偶者短期居住権の創設
②仮払い制度や遺産分割前に処分された遺産の取り扱いなど遺産分割等の見直し
③自筆証書遺言の方式緩和など遺言制度に関する見直し
④遺留分減殺請求権の金銭債権化など遺留分制度の見直し
⑤相続人以外の親族による「特別の寄与」制度の創設

また、２０２０年７月10日から「自筆証書遺言の法務局による保管制度」が開始されています。

このような相続法の改正には、法律を高齢化社会の実情に即した内容に変更する意図があるとともに、改正前の相続法のもとで生じていた課題を解消する意図もあります。

こうした相続法の改正により、遺留分の扱いや遺産分割のあり方など相続人の対応にも変化が出ています。また、遺言書の書き方、生前贈与や遺贈のあり方など、被相続人（亡くなった方）の生前の対応にも変化が生じています。一方で、改正相続法の内容を知らぬままこれまでと同様の相続手続きを行うことによるトラブルも発生しています。

本書ではＰａｒｔ１で、これまでの相続法とともに改正相続法のもとで起こりがちな相続トラブルを15ケース挙げ、その解消法、未然に防ぐ方法をまとめています。Ｐａｒｔ２では、それら主要な相続トラブル事例を踏まえたうえで、押さえておきたい知識についてわかりやすく解説しています。あわせて相続税法に関して押さえておきたい基本についてもまとめました。

なお、相続では往々にして中小企業のオーナー社長の事業承継に関わる課題に直面します。そこで「事業承継と相続」に関する課題と対応法についても触れました。

トラブルの対処法についても相続税に関する知識についても、本書はいわば入門編。どなたが手にとっても身近に起こりがちなトラブルであり、またトラブルを解消するために欠かせない基礎知識です。いま、そして今後、遺言や遺産分割などの相続手続きで「どうしたらよいか」と悩む方々の一助になれば幸いです。

２０２１年２月

円満相続を応援する士業の会

まえがき …… 3

Part 1
こんなとき、どうする？
身近な相続トラブル15事例

CASE 1 遺言書の偽造
母の遺言書が勝手に作成されていた⁉ …… 15

CASE 2 自筆証書遺言の無効のリスク
几帳面な父が残した遺言書に不備が発見されて無効に！ …… 21

CASE 3 母の希望と配偶者居住権
父亡きあとも家に住み続けたい！　そんな母の希望を叶えたい …… 26

CASE 4 相続人が揃わない遺産分割協議
相続の話し合いをしようと思っても、相続人全員が揃わない！ …… 31

CASE 5 相続人が認知症のときの遺産分割協議
母が認知症になってしまった……老老相続って本当に大変 …… 36

CASE 6 意見がかみ合わない遺産分割協議
半年経っても分割協議がまとまらないなんて……もう参加したくない！ …… 43

CASE 7 遺留分と養子縁組
「あいつには1円も渡さない」と父が言い張って、長男と絶縁状態に！ …… 49

CASE 8 遺留分の金銭債権化
最低限の取り分は、お金でちょうだい!! …… 58

CASE 9 財産の使い込み
「お母さんの預金？ 俺は知らないよ」と、とぼける兄 …… 65

CASE 10 多額の生前贈与
「世話になるから」と長男に渡した多額の贈与がとんだ火ダネに！ …… 72

CASE 11 死亡保険金の受け取り
姉だけが多額の保険金をもらうって、そんなのアリ？ …… 79

CASE 12 共有名義の解消
みんな共有名義を解消したいけれど、結局もめごとに!? …… 85

CASE 13 隠し財産の発覚
死んだ父の財テク資産の数が多すぎて把握できない!! …… 92

CASE 14 相続不動産の未登記
遺産分割の話はまとめたけれど、誰も名義変更登記をしていなかった!!……99

CASE 15 事業承継の問題
死んだ父さんの会社の面識もない株主が突然、文句をいってきた!……106

Part 2 トラブルを回避する相続の基礎知識

Chapter 1 まず、相続発生後の主な手続きを理解する

7日以内 家族が亡くなったとき最初に死亡届を提出する……119
3カ月以内 相続したくなければ相続放棄の手続きを!……121
4カ月以内 故人の所得について準確定申告をしておこう……124
10カ月以内 相続税が発生する場合はその申告と納付が必要……125
1年以内 遺留分侵害額(減殺)請求の権利がなくなる……127
5年10カ月 相続税の更正の請求の期限に注意!……129

Chapter 2 必ず押さえておきたい相続人の範囲と権利

配偶者は相続放棄をしない限り、いつも、どんな場合でも相続人 …… 132
覚えておきたい割合的包括受遺者と代襲相続人 …… 136
相続放棄・単純承認・限定承認　相続には3種類の選択肢がある …… 138
相続する資格がない人もいる！　相続欠格と廃除のきまり …… 141
法定相続人がいないとき、内縁関係など……特別なケースでの相続人は誰？ …… 145
相続人が誰かの調査は、亡くなった方の戸籍からたどる …… 148

Chapter 3 どこまでが遺産？ その範囲と評価

モノとしての財産もあれば、権利という財産も!?「遺産の範囲」を理解する …… 152
不動産とお金の遺産分割の基本を押さえる …… 155
株式・債券・手形・小切手など有価証券の遺産分割の扱い …… 159
かけ方によって遺産の扱いが変わる生命保険金 …… 161
死亡退職金と遺族年金は相続財産とはならない …… 163
収益不動産などの相続で発生する賃料や地代はどうなるの？ …… 167
墓や仏壇、葬儀費用は相続財産でも遺産分割の対象でもない …… 169
遺産の評価は、いつ、誰が、どのようにやればいい？ …… 171
土地の評価方法は、利用の仕方によっても異なる …… 172

建物の評価は固定資産税評価額を基準にする …… 176
現金・預貯金と株式などの有価証券の評価 …… 178
書画・骨董品・貴金属など、高額な動産の評価 …… 180

Chapter 4
相続トラブルのタネをつむ 特別受益・生前贈与・寄与分の知識

生前贈与が特別受益にあたるかは、遺産の先渡しかどうかで判断する …… 182
寄与分が認められるには厳格な要件をクリアしなければならない …… 185
相続法改正で創設された「特別の寄与」の制度 …… 187

Chapter 5
もめごとを防ぐため、遺言と遺留分を正しく理解しておく

自筆証書遺言の書き方と有効・無効の判断 …… 190
公証人が作成する公正証書遺言と秘密証書遺言の留意点 …… 194
押さえておきたい遺言の確認方法と検認 …… 198
遺言を執行する人の職務内容や権利・義務を明確にしておく …… 200
遺留分を主張できるのは誰？　どのように主張する？ …… 204
遺留分の額と遺留分侵害額の算定方法 …… 206
遺留分を負担する順序を理解しておこう …… 209
遺留分はお金で解決できるようになった …… 211

Chapter 6 相続トラブルを法的に解決する手段
遺産分割協議がまとまらなかったときの調停・審判の流れ …… 216
遺産に関する紛争と遺留分侵害額請求の解決方法 …… 219
遺言の無効を主張したい場合は遺言無効確認請求の訴えを起こす …… 221

Chapter 7 相続税の申告と相続登記 これだけ押さえておけば大丈夫
課税価格の総額が基礎控除額を超えたら申告 …… 224
不動産を相続する場合は小規模宅地の特例を検討 …… 229
夫婦間の労をねぎらう贈与税の配偶者控除 …… 231
法定相続分にもとづく相続登記は1人だけでも可能だが…… …… 233

Chapter 8 預金・保険・年金・不動産などの遺産に関する注意点
預金や証券の口座解約と名義変更の留意点 …… 238
生命保険や遺族年金の受給手続きと対応法 …… 240
不動産の相続は共有に注意! …… 242
相続不動産の時効による取得もあり得る …… 244

Chapter9

オーナー社長の相続と事業承継でもめないポイント

親族内承継とはどのような承継方法か……248
MBO・EBO、M&A　小さな会社でも検討できる承継スキーム……251
名義株式、株主の分散……スムーズな事業承継のための留意点……254
取締役・従業員に対するトラブルは事業承継前に対処しておく……257

円満相続を応援する士業の会……259

※本書の内容は2021年1月末の法令に基づいて記載されております。あらかじめご了承ください。

Part 1

こんなとき、どうする?
身近な相続トラブル15事例

15の事例

CASE 1 遺言書の偽造

CASE 2 自筆証書遺言の無効のリスク

CASE 3 母の希望と配偶者居住権

CASE 4 相続人が揃わない遺産分割協議

CASE 5 相続人が認知症のときの遺産分割協議

CASE 6 意見がかみ合わない遺産分割協議

CASE 7 遺留分と養子縁組

CASE 8 遺留分の金銭債権化

CASE 9 財産の使い込み

CASE 10 多額の生前贈与

CASE 11 死亡保険金の受け取り

CASE 12 共有名義の解消

CASE 13 隠し財産の発覚

CASE 14 相続不動産の未登記

CASE 15 事業承継の問題

CASE 1

遺言書の偽造

母の遺言書が勝手に作成されていた!?

190ページ 参照

相続関係

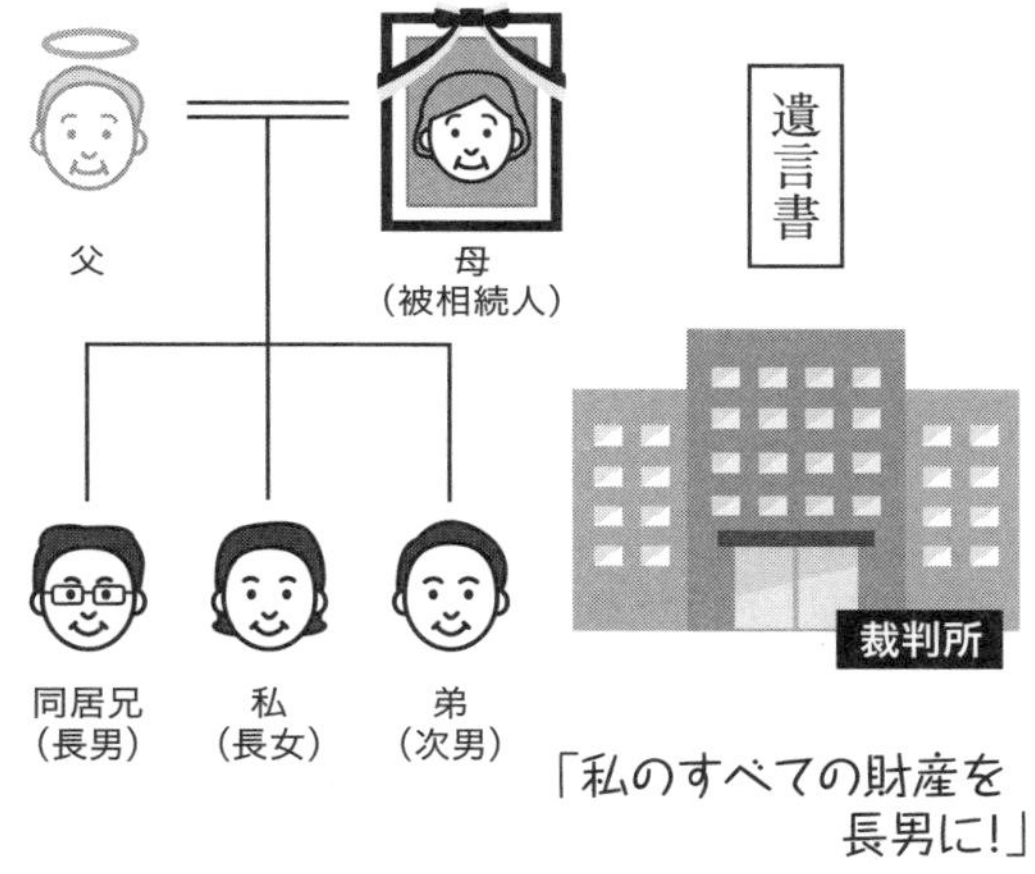

父は5年ほど前にすでに他界し、この冬に母も亡くなりました。相続人は母と同居していた兄（長男）と妹の私（長女）、それに弟（次男）の3人です。

私と弟は、結婚してからというもの、遠方に住み、盆や年末年始に家族で実家に帰る程度でした。

先日、「お母さんの遺言が見つかったよ」と兄から連絡があり、その後、実家の近くの裁判所から遺言の検認期日の呼出状が届きました。そして指定された検認期日にきょうだい3人が出席し、遺言書が開封されました。

遺言書には、次の言葉がひと言書かれているだけでした。

「私のすべての財産を長男に相続させる」

その内容を見て、私は愕然としました。きっと、弟も「そりゃ、ないだろう」と思っていたに違いありません。

「3人で仲よく分けてねって、いつも話していたじゃない。お母さん、どうして……」

私は自分の気持ちを抑え、その場では認めるしかありませんでした。

こんな遺言書、お母さんが書くはずがない！

でも、考えれば考えるほどに、やり場のない憤りがこみ上げてきました。

「お母さんが、こんな遺言書を書くはずがない！」

そう思うようになったのです。あらためて遺言書を見てみると、筆跡が母のものとはなんだか違うようにも感じます。

「きっと、お兄ちゃんが勝手に遺言書を作成して、お母さんの印鑑を使って押印したに違いない。そうに決まっている！」

特に不仲なきょうだいではありませんでしたが、疎遠になっていたのも事実。あれこれと思いをめぐらせるうちに、私は心の底から怒りに震えるようにもなりました。

私としては、母の遺言書は兄が偽造したものだと主張したい。母の遺言書を偽造したことがはっきりすれば、絶対に兄を許したくない。本来は、兄が老後を看てくれたお礼を少しはしたいと思っていましたが、いまは3等分に近い配分で、きょうだい3人が納得できるかたちで母の遺産を分けたいと思っています。

でも、直接、兄に文句をいっても、きっと兄は取り合ってくれないでしょう。きょうだいでわだかまりがずっと続いたままというのも嫌です。

どのように主張したらよいでしょうか。

どうする？

遺言書の偽造には刑事罰もあるが、民事上では遺言無効確認訴訟を起こす

■ 遺言書を偽造すると、相続の権利を失う

遺言書の偽造が疑われる場合、民事上は遺言無効確認訴訟を起こして遺言の有効性を争い、刑事上は有印私文書偽造罪及び同行使罪の罪名で管轄警察署に対し刑事告発をすることが考えられます。ここでは民事上の対応を見ていきましょう。

偽造とは、文書の名義人と作成者との間の人格の同一性、つまり作成名義を偽って新たに文書を作成することをいいます。自筆証書遺言は、全文を自書しなければ無効ですが（相続法改正により、自筆証書遺言に目録を添付する場合の目録は自書である必要はない）、**偽造された遺言は、「自書」性の要件を満たさないため無効**です。そのため、偽造された遺言はなかったものとして遺産分割を行います。

では、遺言書を偽造し、それを真正な遺言書として他の相続人に示した場合、遺言書を偽造した人はどのような責任を負うのでしょうか。その場合、民事上は相続人の欠格事由にあたり、相続権を失います。

■裁判所で争う場合の留意点

他の相続人が遺言書は有効であると争う場合は、遺言の無効確認請求訴訟を起こして、遺言が無効であることを裁判所に確認してもらうことが考えられます。

そして、**裁判所が「この遺言は無効である」と判決をした場合、相続人はその判断にしたがわなければなりません**。

もっとも、その拘束力が及ぶ範囲は、あくまで「遺言が無効であること」にとどまります。遺言書が偽造されているかどうかには、拘束力は及びません。そのため、偽造であるという裁判所の拘束力のある判断を得るには、別の手続きが必要になります。

ある相続人（長男）が偽造したかどうか、それにより相続権を失ったか否かについて裁判所の拘束力のある判断を得るためには、偽造したと思われる相続人（長男）が欠格事由に該当し相続権を失ったことの確認を裁判所に求める、つまり**相続権不存在確認請求訴訟を起こす**ことが考えられます。

これにより、被告とされた人（長男）が偽造したことを理由として、その人に相続権がないと裁判所が判断した場合、その人（長男）は裁判所の判断にしたがい、相続権を失うことになります。今後、その人（長男）を除いて遺産分割協議を行うことが可能となります。

なお、相続権を失った（相続欠格となった）人に子どもがいる場合は、その子が代襲相続人になります。相続欠格は代襲原因となる点については注意が必要です。

■刑事事件にしてもらう方法はあるのか

刑事上の扱いについても簡単に触れておきます。遺言書は、公文書ではない「権利、義務又は事実証明に関する文書」すなわち「私文書」にあたります。そして、遺言書の有効要件として押印がされますので、「有印」の私文書となります。そのため、この文書を「偽造」した場合、**有印私文書偽造罪に該当します**。

さらに、この有印私文書を「行使」した場合、偽造有印私文書行使罪に該当します。「行使」とは、偽造された私文書等を真正なものとして他人に提示するなどして、内容を認識できるようにした場合のことをいいます。

ある相続人が遺言書を偽造し、他の相続人に真正な遺言書であるとして提示した場合、有印私文書偽造罪及び同行使罪という犯罪になり、他の相続人としては管轄の警察署長宛に刑事告発し、刑事処分を促すという対応が考えられます。

ちなみに、有印私文書偽造罪及び同行使罪として処罰される場合、3カ月以上5年以下の懲役に処せられます。

CASE 2

自筆証書遺言の無効のリスク

几帳面な父が残した遺言書に不備が発見されて無効に！

190ページ 参照

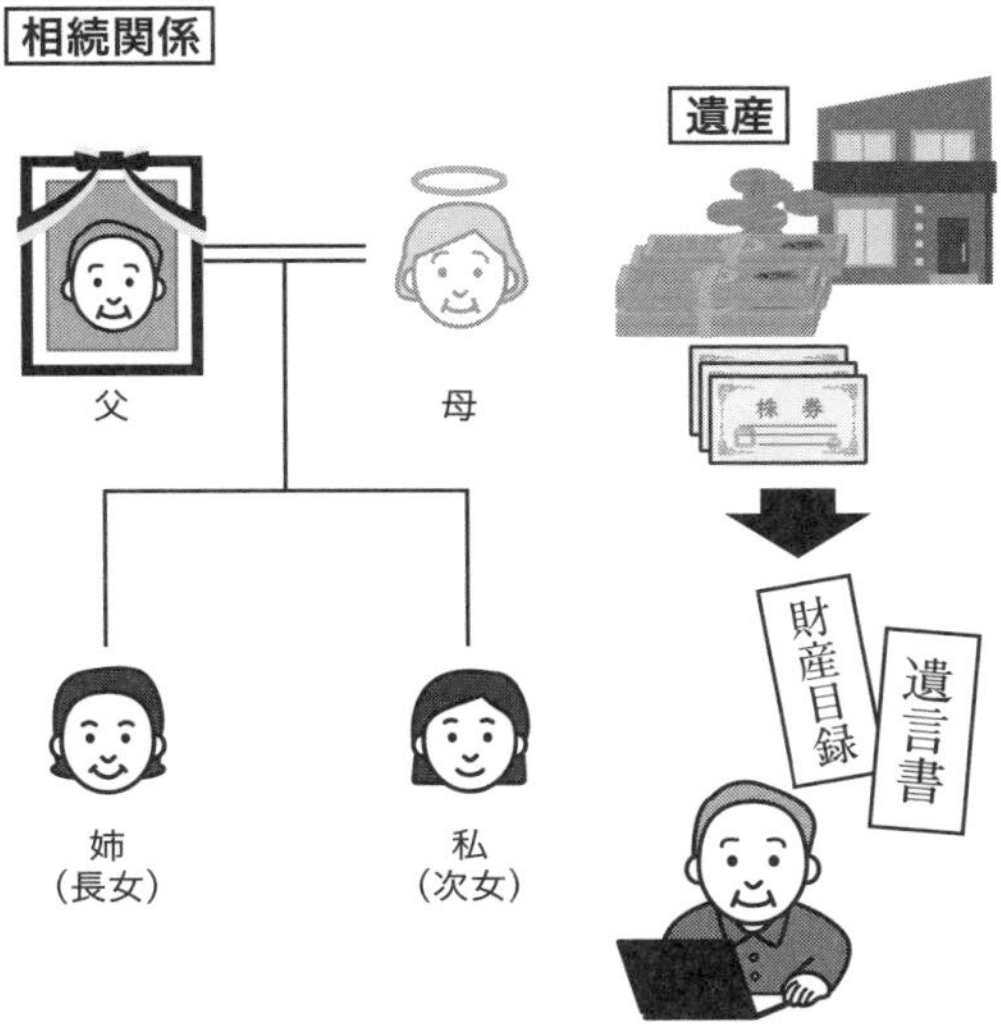

83歳で他界した父は、生前、60歳で会社を定年退職し、退職金を元手に株式投資や外国債の購入、投資信託なども行っていました。母は父が75歳のときに他界していますので、父の財産は姉（長女）と私（次女）の姉妹が相続することになりました。

幸い、投資の成果も多少の浮き沈みはあったものの上々だったようで、これら投資の運用益で父は独り暮らしを続けてくれました。そのためもあって、姉や私は父の介護にほとんど関わることなく、年に数回顔を合わせる程度でした。

ところが、相続手続きの段階になって、困ったことが起こりました。検認手続きの終わった姉からこんな連絡があったのです。

「お父さんが残してくれた自筆証書遺言に不備があるみたいなのよ。どうしたらいい？」

疎遠になった姉妹同士、密な連絡もとりづらくて……

父はとても貴重面な人で、自分の財産についてはきちんと管理していました。投資の運用実績もパソコンで記録していたようです。そして、その投資内容や運用実績をコピーして遺言書に添付し、私と姉がきちんと財産を分割できるように配慮してくれてもいました。

ところが、もしその遺言書が無効となると、無効である遺言書どおりに財産を分割してよいか、実は私にはよくわかりません。

貴重面な父が自分で作成した自筆証書遺言に不備があることなど想定していませんでした。姉と私は投資とか資産運用についてはまったく不案内で、しかも、姉と私は実家から遠く離れて住み、それぞれ家庭があるため、頻繁に連絡をとって行き来することもままなりません。「お姉ちゃんに任せた」といいたくもなりますが、そういってしまうと、姉は「面倒ばかりを押しつけて！」と怒るでしょうし、その分遺産を多く取得したいといいかねません。ただ、私としても、正直なところ父の遺産でもらえるものはきちんともらいたい。しかも、お金で……という気持ちもあります。話をこじらせたくないのですが、そもそも、自筆証書遺言の不備って、いったい、どんなこと？　と思ってしまいます。

どうする？

目録の各ページに遺言者の署名押印をしなければならない

■相続法の改正により遺言の方式が変わった

自筆証書遺言については相続法の改正がありましたので、どう変わったかについて最初に見ておきましょう。

まず相続法の改正により、**自筆証書遺言に財産目録を添付する場合、その目録は自書が不要となり、また、通帳や登記事項証明書のコピーも目録として添付できるようになりました。**

相続法の改正前は、自筆証書遺言について財産の目録も含め、その記載内容のすべてを自書しなければいけないとされていました。一般論として遺言書を作成する人は高齢であることが多く、高齢者にとって遺言書のすべてを自書することはとても負担となります。そのため、たとえば誰かに代わりに書いてもらったり、パソコンで印字したものを利用したいという思いも理解できなくはありません。

しかし、本人の「自書」ではない遺言書について、相続法改正前は自筆証書遺言の方式を満たさず無効とされていました。このように、相続法改正前における自筆証書遺言は、高齢者にとって一見すると手軽なようであり、実は作成のハードルが高い形式であったのです。

■自筆証書遺言の目録は自筆でなくてもＯＫ

そこで、改正相続法では、自筆証書遺言をより作成しやすいものとするために、自筆証書遺言に添付する目録については自書が不要となりました。これにより、財産の特定のために細かい記載を自書する必要がなくなり、書き間違いなどにより相続手続きを進められないという事態も回避できるようになりました。

もっとも、目録の偽造や変造のリスクはあるため、偽造等を防止する趣旨で、**自書ではない目録の場合には目録の各ページに遺言者の署名押印をしなければならない**とされています。

なお、施行日は改正相続法のなかで最も早く、２０１９年1月13日から施行されています。

■改正によって起こり得る不備とは？

財産目録については、各ページに遺言者の署名押印が要求される以外、特段の制限はありません。そのため、**エクセルなどで財産目録を作成することも可能ですし、不動産の登記事項証明書や預金通帳、残高証明書、証券会社からの取引報告書などの書面のコピーを目録として添付することもできます。**

では、改正後にはどんな不備があることが想定されるのでしょうか。相続法改正の内容は、いうまでもありませんが自筆証書遺言に目録を「添付する」場合に自書性を緩和するというものです。「添付」とは、本文とは別の用紙を付け加えるという意味です。そのため、自書によらないことが許される目録は、**本文とは別の用紙で作成しないといけません。**たとえば、A４の紙の上部に自書で遺言の本文を、用紙の下部にパソコンで印字された目録が記載されている場合、その遺言書は無効とされてしまいます。

なお、遺言書が無効であれば、遺言書によらずに遺産分割をする必要があります。姉妹で相続財産の情報を取り寄せ（94ページ参照）、話し合いや調停により遺産分割を行うしかないでしょう。

CASE 3

母の希望と配偶者居住権

父亡きあとも家に住み続けたい！そんな母の希望を叶えたい

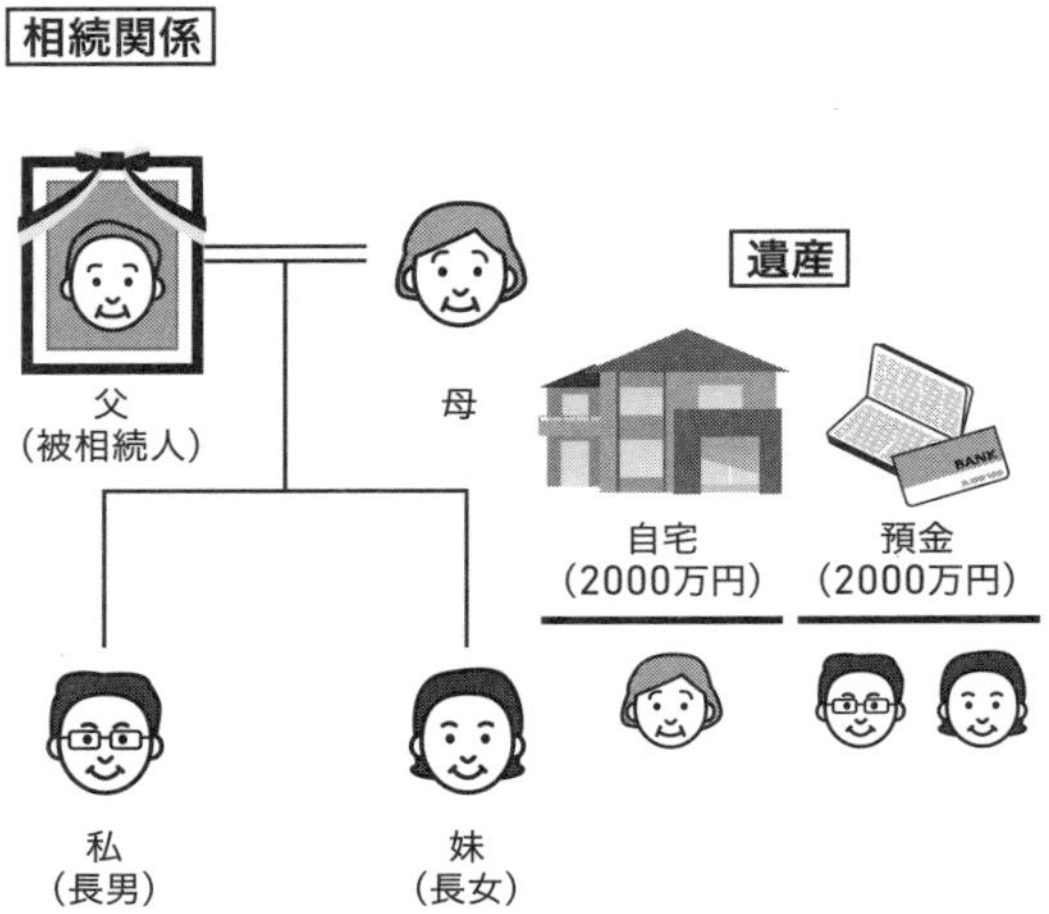

先日、父が他界しました。父は評価額２０００万円の自宅と２０００万円の預金を遺産として、母と長男の私と妹の３人に残してくれました。遺言書はありません。

私は父の気持ちを受け取ったつもりで、母、私、妹の３人が法定相続分で分けることが平等だと考えました。母が２０００万円分で、私と妹が１０００万円ずつという計算です。もちろん端数や手続き費用などはありますが、概算だと母が評価額

2000万円の自宅を取得し、私と妹が預金2000万円を1000万円ずつ分けるという遺産分割がよいと考えていたのです。

お金がないのって、つらいのよ。でも、この家には住み続けたい

ところが、この遺産分割に母が不満をもらしたのです。

「私はこの家で寝たきりになるまで暮らしていくけど、預金はないし、本当に不安だわ」

不満をもらす母の姿をこれまで見たことがない私も、父亡きあと、長男としてなんとかしてあげたいと思っています。しかし、私にも家庭があります。母の気持ちを汲んで私の相続分のお金を母に譲れば、きっと私の妻や子が反発します。それは家庭がある妹も同じでしょう。妹は仕事をもっていますが、それでも100万円、200万円レベルのお金を実家のために出したり、また、もらえなくなるということには抵抗を示すのではないかと思います。

私や妹が父の残した自宅を共有名義にして相続することも考えました。しかし、「相続不動産の共有はよくない」ことはよく見聞きします。なにより、私と妹の本心としては、父と母が暮らしたこの自宅は処分したいと思っています。

そう思っている妹は、話し合いのなかで、結局、こんなことを母にいってしまいました。

「家をもらえるうえに、お金もなんて、お母さんわがままよ！　自分で家を処分して狭いアパートでも借りればいいじゃないの！　結局、あと数年したら介護施設に頼らないといけなくなるから、いまのうちに処分して、入居の頭金にでもしたら？」

母は「父と暮らした家で老後も住み続けたい。でも、年金だけでは生活が不安」と素朴に思っているだけなのですが、勝気な妹が話をこじらせるように文句をいい、私も本心では妹と同じ考えであるため、母の肩を持つわけでもなく、結局、母子３人とても険悪なムードになってしまいました。

どうにか母が父と暮らした自宅で引き続き暮らせて、遺産から老後の生活費も正当に取得できるような方法はないものか、と考える毎日です。

どうする？

相続開始後の配偶者の住まいは、配偶者居住権で保障される

■「この家に住みたい」という母の希望を実現する２つの配偶者居住権

このケースで、母親が今後、父親と暮らした自宅の居住権を確保しつつ、遺産から生活資

金もある程度取得できるようにするためには、２０２０年4月に施行された改正相続法の「配偶者居住権」を取得する方法が考えられます。

改正相続法では、「配偶者居住権」という権利と「配偶者短期居住権」という権利が創設されました。まず、配偶者居住権についてみていきましょう。

亡くなった方の相続時、亡くなった方が所有していた家にその配偶者が住んでいるケースは少なくありません。そうした場合に、その配偶者が亡くなるまで、もしくは一定の期間、配偶者がその家に住み続けるなど、建物の使用等をできる権利を「配偶者居住権」といいます。

配偶者居住権は、遺産分割によって取得することができるほか、故人の遺言によっても取得することが可能です。ただし、このケースでは遺言書はないとのことですから、遺産分割で取得することになります。

配偶者居住権は所有権ではありません。その家に住んだり、家を使用したりする権利です。その**配偶者居住権の評価額は所有権の評価額よりも低いため、その分、その他の遺産を取得できることになります。このケースでは母親が家以外の財産、すなわち預金を相続でより多く取得できることになる**わけです。

■他の相続人は「負担つき所有権」を取得することになる

配偶者居住権のついた家の評価額がいくらになるかについては、ケース・バイ・ケースですが、仮にこのケースで配偶者居住権が1000万円だったとすると、母親は配偶者居住権1000万円と父の預金1000万円を相続し、一方の長男と長女は配偶者居住権という負担のついた家の所有権（負担つき所有権）と預金1000万円を取得することになり、これを長男と長女でどう負担するか、母親を交えた3人の遺産分割協議で決めることになります。

これにより、母親は父親と同居していた家の居住権と老後の生活資金を確保できるようになります。

なお、**配偶者短期居住権**とは亡くなった方が所有していた建物に、亡くなって以降も配偶者が無償で居住している場合に、配偶者に遺産分割までの居住権を認める権利です。これにより、**相続のあった日から遺産分割が決まるまで、もしくは6カ月までいずれか遅い日まで居住建物を無償で使用できる**ことになります。

CASE 4

相続人が揃わない遺産分割協議

相続の話し合いをしようと思っても、相続人全員が揃わない！

132ページ 参照

相続関係

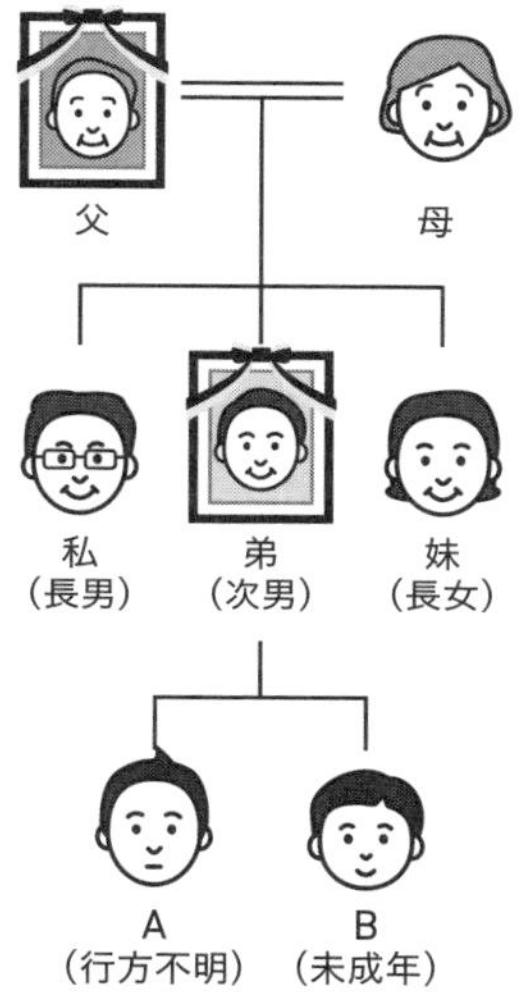

父が亡くなりました。相続人は母と長男である私と弟（次男）と妹（長女）の４人です。

ところが、10年ほど前に離婚して独り暮らしをしていた弟は、父が他界した直後に交通事故に遭い、２人の息子を残して逝ってしまいました。そのため、弟の２人の息子にも父の相続の権利がある状況となっています。

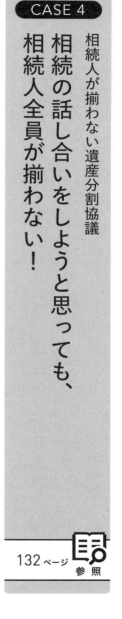

他界した弟には、連絡のとれない息子と未成年の息子がいる

ところが、弟の2人の息子のうちAと私たちは音信不通で、どこで、どう暮らしているのか連絡がまったくとれない状態です。もう1人のBとは連絡がとれるものの、まだ16歳と未成年です。ちなみに、弟の元妻はすでに亡くなっているため、親戚がBの未成年後見人になっています。

また、母は父が他界する前、たしか5年ほど前からほぼ寝たきりの状態になり、いまは要介護度4で、正直なところ遺産分割の話などできる状態ではありません。

この状態では、相続人全員できちんと遺産分割協議もできず、父の財産の相続手続きを進めていくことができません。しかも、最近になって、末っ子の妹はどこで知識を得たのかわかりませんが、次のようにいってきました。

「相続人全員を当事者にしないと、遺産分割はできないらしいのよ。なので、お母さんにも後見人という人を頼まないとダメかも？　ただ、お兄ちゃん（次男）の子どもには、よけいな連絡をしないほうがいいかもしれないわね」

このような状態で、遺産分割協議を進めていけるものでしょうか。まず何を、どう進めた

らよいか、まったくわからない状態です。

どうする？

法定代理人を当事者として、遺産分割協議を行う

■遺産分割協議は1人でも欠けていると無効になる

遺産分割協議は相続人全員で行わないと無効です。そのため、相続人に所在不明の人や成年被後見人がいる場合は、その相続人に代わって法律行為を行う法定代理人を当事者として、遺産分割協議を行わなければいけません。このケースですと、Aは「不在者財産管理人」、Bは「未成年後見人」、母親には「成年後見人」を選任し、これらの人を当事者として遺産分割協議をする必要があります。

遺産分割協議は相続人全員で行わなければなりませんが、これは3人でも5人でも、30人でも変わりません。誰か1人でも参加しなかった遺産分割協議は無効です。

誰が相続人か、つまり法定相続人の範囲は戸籍等から明らかになります。相続人が遠方にいたり入院していたり海外にいるケースもあるでしょう。連絡先を相続人は誰も知らないと

いったケースもあります。それでも、相続人全員の合意で遺産分割協議を成立させる必要があります。

戸籍等から判明した相続人全員を当事者とした遺産分割協議書や印鑑証明書が提出できなければ、相続登記や預金解約などの相続手続きを進めることができません。

■行方不明者について不在者財産管理人を選任する

相続人に行方不明者がいる場合であっても、その相続人を無視して遺産分割を進めることはできません。

行方不明者がいる場合には、まず、行方不明者の本籍地の市区町村で取得できる戸籍の附票から現在の住民票上の住所を調査し、書面を送付したり現地に行ったりして所在調査を行います。それでも所在がわからない場合には、家庭裁判所に対して不在者財産管理人の選任を申し立てます。

申立ての際は、不在者であることを証明する書類として、警察署長の発行する行方不明者届受理証明書や不在者あての手紙などで「あて所に尋ね当たらず」などの理由が付されて返送されたものなどを提出します。そして、不在者財産管理人が選任された場合、家庭裁判所の許可を受けたうえで、不在者財産管理人が行方不明者に代わって遺産分割協議を行います。
また、相続人のなかに成年被後見人がいる場合は、成年後見人が法定代理人として遺産分割協議を行います。成年後見人が選任されていない場合には、まず後見開始の審判を申し立て、成年後見人を選任します。

相続人に未成年者がいる場合で未成年後見人が選任されている場合には、同様に、未成年後見人が法定代理人として遺産分割協議を行います。

このケースでは、所在調査によってもＡが行方不明ならば、相談者はまず、Ａの不在者財産管理人の選任申立てをしたうえで、Ａの不在者財産管理人、Ｂの未成年後見人、母親の成年後見人と長女との間で遺産分割協議を行わなければいけません。

このように、それぞれの相続ごとにいろいろな事情がありますが、相続人に連絡のまったくとれない人がいたり、未成年だったりするケースは比較的あると思います。その場合は、**代わりに遺産分割協議の当事者となる人を選任する必要がある**ことは覚えておきましょう。

CASE 5

母が認知症になってしまった……老老相続って本当に大変

相続人が認知症のときの遺産分割協議

141ページ参照

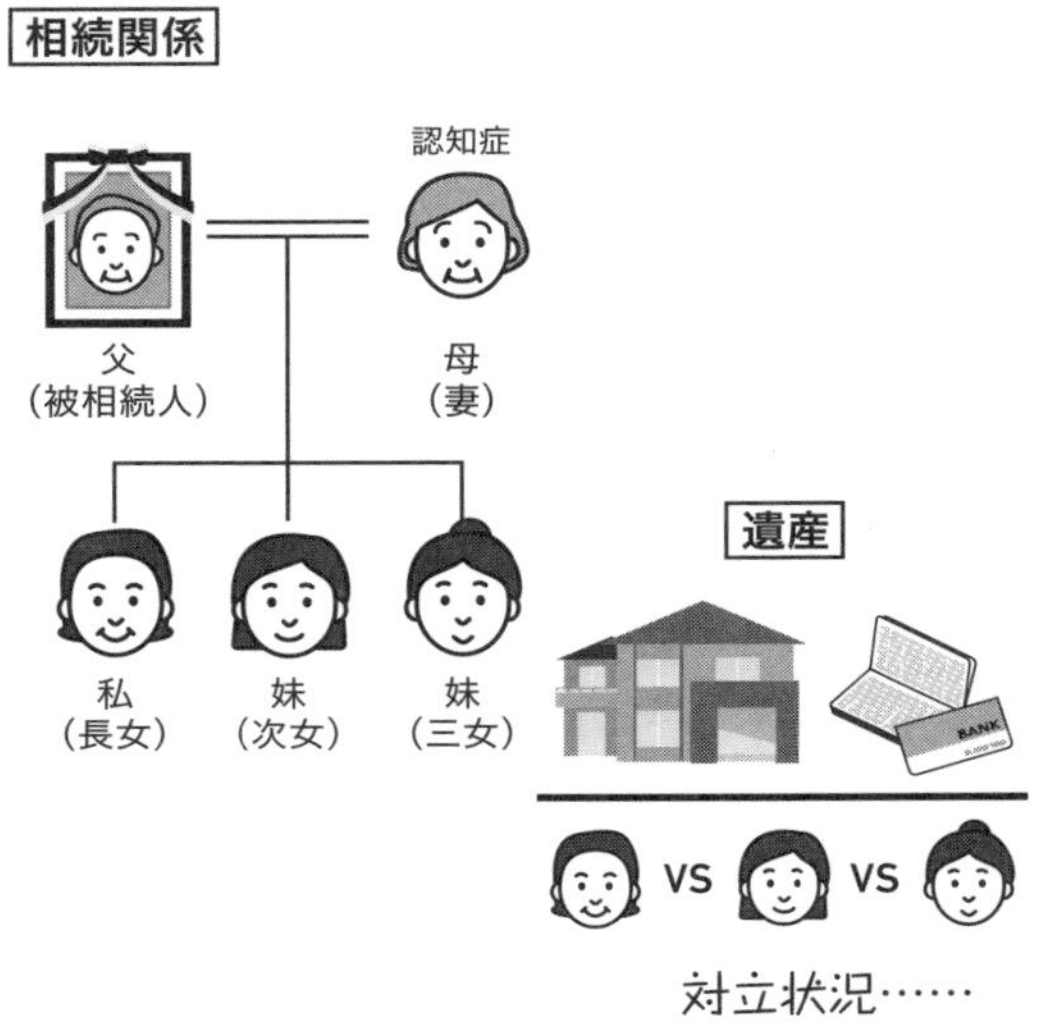

父が亡くなりました。相続人は85歳の母と私たち3姉妹で、私は長女です。家や預貯金が遺産としてはあるので、その分割を行おうと考えているのですが、母が数年前から認知症を患い、私たち娘が誰かを認識してもらえないこともあり困っています。父が他界したことは理解していると思っていたのですが、「今日は、お父さんの帰りが遅いわね」などという始末。本当にわかっているのかどうか……という状態です。

遺言書もないので、私としては家を母に、預貯金は娘3人で平等に分割すればよい、くらいに考えていました。ところが、実家の近くに住み、実質的に父母の介護や身の回りの世話をしてきた三女が3等分では金額が少ないと納得しないのです。

話し合いでは具体的な解決方法が見つからなくて、このままでは埒《らち》が明かず、一方で、父の相続のことなどまったく忘れているような母をどう介護していったらよいかと考えると気が重くなるばかりです。

家庭裁判所に遺産分割方法を相談することでよいのか

そんな折り、ある人から、「家庭裁判所にでも相談してみたら？」といわれました。調べてみると、相続でもめたとき、調停という手続きを通して、裁判所が遺産分割に関与してくれる方法があるようです。

その場合、認知症の母を当事者として参加させる必要があるのでしょうか。「家庭」と名称がついていても、裁判所に相談すると思うと、とても気が滅入ります。次女は「もうお姉ちゃんに任せた」と好き勝手にしていますし、三女は決して気持ちを曲げようとかうまく収めようという気持ちがないようです。もらえるものは少しでも多くもらいたいという姿勢で、正直なところカチンときています。

今後、遺産分割をどのように進めていけばよいかよくわからず、とても困っています。


どうする？

家庭裁判所を通して法定後見制度を活用する

■認知症でも相続権はある

相続人に認知症の人がいて、もはや正常な判断能力がないような場合には、成年後見人を選任したうえで、成年後見人との間で遺産分割協議を行う必要があります。

遺産分割協議は、相続分の譲渡や相続分の放棄をした相続人を除き、相続人全員との間で行う必要があります。一部の相続人を欠いて行った遺産分割協議は無効であることはCASE４でも説明したとおりです。

もっとも、相続放棄をした人は、最初から相続人ではなかったことになるので、遺産分割協議の当事者とする必要はありません。また、相続欠格（141ページ参照）や廃除審判（亡くなった方が生前に、または遺言により家庭裁判所に対し、ある相続人の相続権のはく奪を求め、認められること）により相続権を失うケースもあります。その場合も遺産分割協議の当事者とする必要はありませんが、欠格事由に該当するかどうか、廃除審判が有効かについて争いがある場合には、まず相続権不存在確認請求訴訟などにより相続人の範囲を確定させておく必要があります。

認知症だからといって相続権を失うわけではありませんので、認知症の人も相続人となります。このケースにおける母も、当然ながら相続人です。

認知症により判断能力が低下してしまっている場合は、法定後見制度を利用することが考えられます。法定後見制度には、本人の判断能力の低下の程度に応じて、次ページの図表に挙げた3種類があります。

法定後見制度はいずれも、家庭に関する事件を取り扱う家庭裁判所に申し立てることによって利用できます。最初は「裁判所に行くなんて……」と戸惑うかもしれませんが、それほど敷居の高いものと考える必要はありません。全国の都道府県にあり、相続の悩みや家族間のトラブル、少年事件等を扱っていますので、まずは窓口で相談してみるのもよいと思います。

3種類の法定後見制度と法定後見人の立場

●法定後見制度

①後見開始の審判	判断能力を「欠く常況」にある場合に、申立てにより、家庭裁判所が「成年後見人」を選任する
	申立権者……本人、配偶者、4親等内の親族、未成年後見人、未成年後見監督人、保佐人、保佐監督人、補助人、補助監督人、検察官

②保佐開始の審判	判断能力が「著しく不十分」である場合に、申立てにより、家庭裁判所が「保佐人」を選任する
	申立権者……本人、配偶者、4親等内の親族、後見人（未成年後見人及び成年後見人）、後見監督人（未成年後見監督人及び成年後見監督人）、補助人、補助監督人、検察官

③補助開始の審判	判断能力が「不十分」である場合に、申立てにより、家庭裁判所が「補助人」を選任する
	申立権者……本人、配偶者、4親等内の親族、後見人（未成年後見人及び成年後見人）、後見監督人（未成年後見監督人及び成年後見監督人）、保佐人、保佐監督人、検察官

●法定後見人の立場

①後見人	法定代理人として包括的な代理権があるため、成年後見人が遺産分割協議や遺産分割調停に直接参加する
②保佐人	基本的には保佐される相続人本人（被保佐人）が当事者となるが、遺産分割を行うには保佐人の同意が必要。なお、家庭裁判所により、代理権が付与された場合は、保佐人が当事者として参加
③補助人	基本的には補助される相続人本人（被補佐人）が当事者となるが、家庭裁判所により同意権が付与された場合は、補助人の同意が必要。なお、家庭裁判所により代理権が付与された場合は、補助人が当事者として参加

■法定後見人が加わった場合の遺産分割協議

法定後見の審判が行われた場合に、遺産分割協議は、誰との間で、どのような制約のもとで行うのかを確認しておきましょう（前ページ図表の下段参照）。

成年後見人・保佐人・補助人が相続人の1人でもある場合、法定後見人としても遺産分割協議を行うことは**利益相反**となります。その場合、成年後見監督人・保佐監督人・補助監督人がいれば、その人が代理権や同意権を行使します。

監督人もいないときは、成年後見人の場合は特別代理人を、保佐人・補助人の場合はそれぞれ臨時保佐人・臨時補助人の選任を家庭裁判所に申し立て、特別代理人・臨時保佐人・臨時補助人が代理権や同意権を行使します。

■成年後見人と遺産分割協議を行う

このケースの場合、母親は、見舞いに来た子どもたちを認識できない状況ですし、父親の死についても正確に認識できていないので、判断能力を「欠く常況」にあるといえるでしょう。そうすると、母親と有効に遺産分割を行うためには、後見開始の審判を申し立てたうえで成年後見人を選任し、成年後見人との間で遺産分割協議や遺産分割調停を行う必要があります。

遺産分割という親族間の紛争を解決するために成年後見人を選任する場合には、弁護士などの専門職が後見人として選任されることが多く、今後は、その成年後見人である弁護士などの専門職との間で、遺産分割協議や調停を行います。

なお、**成年後見人は、本人（成年被後見人）の財産を保護すべき立場にあります**。そのため、たとえば、相続対策として生前贈与や生命保険の加入、不動産の購入や賃貸経営などの相続対策を行うなど、本人（成年被後見人）の財産維持に反するような行為ができません。

このほか、遺産分割において二次相続（このケースでは母親が他界すること）を見据えて、一次相続ではほとんど遺産を取得しないなどの柔軟な対応も原則としてできないことになります。

これらの点は、成年後見制度を利用することによる遺産分割における事実上の弊害といえます。つまり、成年後見人は母親の法定相続分（父の財産の1／2）については譲歩しませんので、成年後見人がつく場合は、二次相続を見据えた遺産分割案とすることが非常にむずかしくなることを理解しておきましょう。

CASE 6

意見がかみ合わない遺産分割協議

半年経っても分割協議がまとまらないなんて……もう参加したくない！

138ページ 参照

相続関係

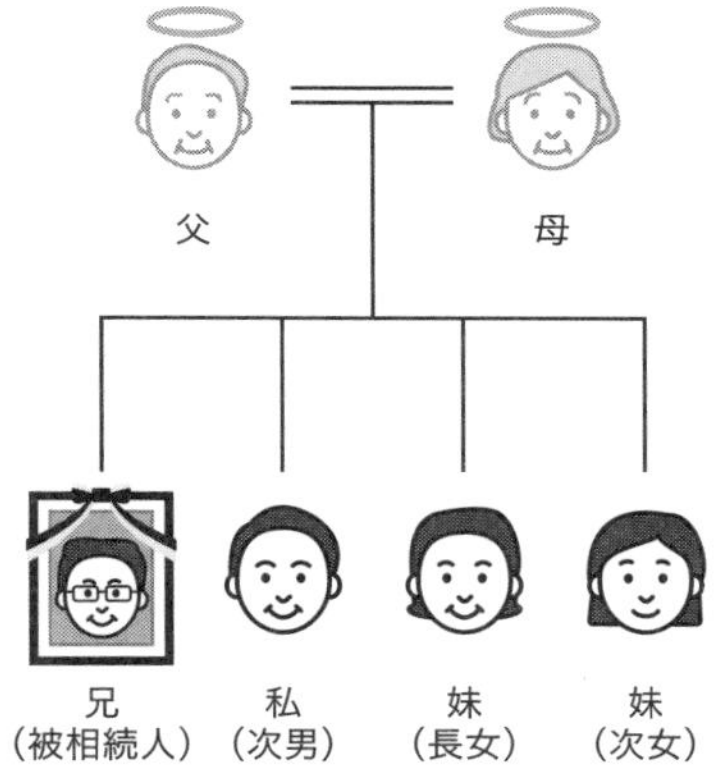

先日、60代の兄が他界しました。兄は生涯独身で、両親はすでに他界しているので、相続人は、私（次男）と妹2人の3人だけでした。

遺言はなく、3人で兄の遺産を分割する話し合いを何度か行いましたが、いちばん兄と親しかった上の妹（長女）は、次のようにいってはばかりません。

「私はお兄ちゃんといちばん仲がよく、実際に家も近かったので行き来も頻繁にあった。きっと、お兄ちゃんは『あとのことはよろしくな』と私にいいたかったはず。遺産も私が多く取得することを望んでいるはずよ」

たしかに私はいわゆる転勤族でもあり、兄のこと、自分の実家のことにはまったく関心を寄せることもなく、これまですごしてきたのも事実です。

いずれにしても、兄が亡くなってからもう半年経ちましたが、遺産分割の話がいっこうに進みません。

「もう勝手にやってよ！」で、遺産分割協議がSTOP!!

そんななかで、今度は末の妹（次女）がそのような状況に嫌気がさしてきたようで、長男の遺産の分割は次男である私の一存でかまわないといってきました。

「遺産分割のことはお兄ちゃんに任せるわ。このきょうだい間のイザコザから早く解放されたいの」

これが末の妹の正直な気持ちのようです。私自身は10年ほど前に離婚してからずっと独り身で、娘は別れた妻が育てています。一方で、２人の妹にはそれぞれ家庭があり、それぞれの妹の対応には、それぞれの夫の考え方も影響しているようにも思います。

私としては、残ったきょうだいが、こんなことで仲違いしてしまうのも寂しい気持ちです。きっと私が死んだときも、２人の妹は疎遠な状態になったままだろうなと想像します。ひょっとしたら、もう会うこともない私の娘に財産をもっていかれるような気持ちになって、私の娘を不愉快に思ったりするのではないか、とさえも……。

とにかく、いまの状況を前に進めないといけません。まず、遺産分割協議そのものを億劫《おっくう》に感じている妹（次女）に遺産分割協議から外れてもらうことはできないのでしょうか。

どうする？

相続を望まない相続人に相続放棄や相続分の譲渡・放棄を行ってもらう

■相続放棄は相続開始から3カ月以内に

遺産分割協議を行う際、このケースの次女のように、相続することを望まない人もいます。そのような相続人には、**遺産分割の結果として自分は相続財産を取得しない**ことに合意してもらう、ということが考えられます。

ただし、本人がそのように望んでも、他の相続人との間で遺産分割の話がまとまらなければ遺産分割協議は成立しません。そうなると、遺産分割調停で解決せざるを得ず、その場合、このケースの次女も当事者として遺産分割調停に関わらなければいけなくなります。

このような状況から次女がいっさい解放されたいのであれば、相続のいっさいを放棄する相続放棄を家庭裁判所に申し出ることが考えられます。ただし、相続放棄をできる期間は相続の開始を知ったときから3カ月以内ですから、このケースでは、もう期限をすぎていて相続放棄は原則としてできません。

■相続分を譲渡してもらう対応も可能

そのほかにはどうすればよいのでしょうか？　この場合、相続分の譲渡（民法９０５条）や放棄という対応も考えられます。

相続分の譲渡とは、遺産に対して相続人が持っていた相続割合を、他の相続人などの譲受人に移転してしまうことです。この場合の遺産には、プラスの財産だけではなく、借金などのマイナスの財産も含みます。

譲受人が他の相続人の場合には、譲渡を受けた分だけ譲受人の相続割合が増えることになります。譲受人が相続人ではない第三者の場合には、今後はその譲受人を含めて（譲受人を相続人として）遺産分割協議を行う必要があります。一方、相続分の譲渡をすることで、譲渡人は遺産に対する相続割合を失いますので、譲渡以降は、遺産分割の当事者になる必要がなく、遺産分割協議から離脱できます。

相続分の譲渡は相続放棄と異なり、時期の制限はなく、また、家庭裁判所の手続きも不要です。そのため、いったん遺産分割協議に参加したものの、相続人の間の人間関係がこじれてしまい、途中で遺産分割協議から離脱したくなった場合にも、相続分の譲渡を行うことができます。なお、遺産分割の調停では、「相続分譲渡証書」（譲渡人は署名と実印での押印）と譲渡人の印鑑証明書を添付すると、譲渡をした相続人（このケースの次女）は、遺産分割調停の当事者から脱退でき、以降の調停期日への出席や話合いへの参加も不要となります。

■民法上の規定はないが、「相続分の放棄」という対応も可能

相続分の放棄とは、相続に関していっさいを放棄してしまう相続放棄とは異なり、「遺産に対する相続人の相続割合を放棄する」というものです。相続分の譲渡が特定の譲受人が譲渡した相続人の相続割合を取得するのに対して、相続分の放棄は、相続分を放棄した人の相続割合を他の相続人がその人の相続割合に応じて取得することになります。

このケースの場合、相続割合は3人のきょうだいとも遺産の3分の1ですから、その割合を次女は放棄して長女と次男が取得します。すると、次女による相続分の放棄によって、次男と長女が長男の遺産について相続分を2分の1ずつ有することになります。

なお、相続分の放棄について民法上の規定はありません。実際に行われることも多くはありませんが、「相続分の放棄」という選択肢もあることは覚えておいても損はないと思います。

このケースでの解決策としては、次女は次男にすべて任せるといっているので、次女から次男に相続分を譲渡してもらい、次女を遺産分割の当事者から脱退させ、そのうえで長女と遺産分割協議をするのがよいでしょう。その際に相続分譲渡証書を作成し、次女に署名と実印で押印をしてもらい、さらに印鑑証明書1通を交付してもらい、家庭裁判所に提出すれば、調停などに次女が関わらなくてもよくなります。

結果、次男の相続分は増えることになります。

CASE 7

遺留分と養子縁組

「あいつには1円も渡さない」と父が言い張って、長男と絶縁状態に！

127ページ 参照

相続関係

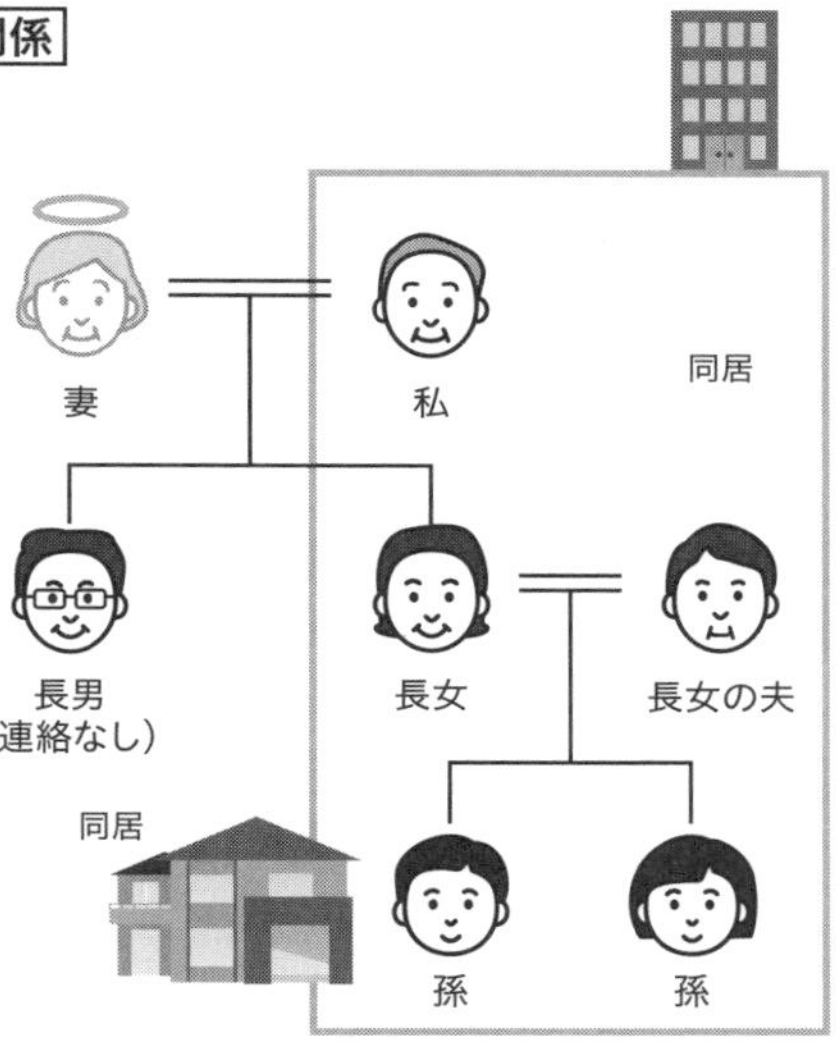

私はかつて会社を経営し、現在80歳です。妻には3年前に先立たれ、いまは、長女の家族（長女とその夫、孫2人）と同居しています。私の子どもは長女と長男の2人で、私の事業は長女の夫が継いでくれています。

実は長男は学生時代から私たち両親や長女との折り合いが悪く、結婚して家を出たあと30年以上はまったく連絡がとれない状態でした。ところが3年前に妻が亡くなったときに、長男が突然、私たちの前に現れました。私と長女は、私の妻の相続を辞退してほしいと長男を説得しました。しかし、長男は応じず妻の遺産の相続権を強く主張したため、結局、法定相続分に応じた現金を渡して納得してもらいました。

妻の相続時に〝手切れ金〟を長男へ

現在、私は長女の家族と同居しており、長女の夫も私の創業した会社でがんばってくれています。長女の夫や孫とも本当にいい関係を築いて生活をしていますので、私の財産はすべて長女家族に残してあげたいと考えています。長男には残したくありません。長女家族と仲よく暮らすほどに、長男に渡した妻の相続時のお金は、長男への手切れ金なんだと思えるようにさえなってきました。

まったく連絡をよこさない長男にも遺留分があるということは知っています。ですが、長男にいっさい相続をさせない方法、それがムリだとしてもできるだけ相続させない方法はないのでしょうか。

どうする？

遺言書に「すべて長女に相続させる」と書いておく

■ **強い思いがあるのなら、まず遺言書にその思いを残しておく**

人が亡くなったとき、生前に何の対策もしていなければ法定相続分にしたがって遺産が相続されます。法定相続分とは、民法の定める各法定相続人の相続割合です。

子どもが2人いる場合、それぞれの子どもに2分の1ずつの法定相続分が認められ、それぞれが遺産の2分の1ずつを相続するのが原則です。ところが、**法定相続分と異なる割合で遺産を相続させたい場合に、遺言書に相続割合や相続方法を指定すると、その内容が法定相続に優先して適用されます。**「長女にすべての遺産を相続させる」と遺言書を作成しておけば、原則として長女がすべての遺産を相続できることになります。

■ **長男に遺留分を放棄させることは可能？**

ところが遺言書を作成しても、それだけでは万全とはいえません。なぜなら、長男には遺留分が認められるからです。**遺留分とは、兄弟姉妹以外の法定相続人に保障される最低限度**

の相続割合です。これは、遺言書によっても奪うことはできません。

たとえば、このケースでは、経営者だった父親が亡くなると長男に4分の1（遺留分割合1／2×法定相続分1／2）の遺留分が認められます。そのため、「長女にすべての遺産を相続させる」との遺言書を作成しても、経営者だった父親が亡くなった後に、長男は長女に対して「遺留分侵害額請求」を行うことが可能です。そうなると、長女は長男に遺産の4分の1に相当するお金を支払わなければならず、結局、長男に遺産をいっさい相続させないということは実現できないことになります。

なお、遺留分侵害額請求が行われないようにするためには、経営者だった父親が元気なうちに、長男に自分の遺留分を放棄してもらうという方法もあります。ただし、生前の遺留分放棄には家庭裁判所の許可が必要で、長男が自分の意思で遺留分を放棄するとともに、放棄の必要性や合理性、十分な代償が支払われていることなどの要件を満たさなければいけないとされています。そのため、簡単に行えるものではないということは覚えておきましょう。

■遺留分対策として養子縁組を活用する

前述のとおり遺留分については遺言書でも奪うことができません。そこで、遺留分対策としては、養子縁組を活用することが有効です。養子縁組をすると、法定相続人の数が増え、その分、長男の遺留分額を下げられるからです。

養子縁組とは、お互いの意思によって法律上の親子関係をつくることで、市区町村役場へ「縁組届」を提出すれば、実の親子でない人同士が法律上の親子になれます。**養子は遺産相続において実子と同じ立場になるので、法定相続分や遺留分が認められます。**

遺留分の割合は、法定相続人の構成や人数によって決まります。子どもが相続人になる場合のそれぞれの遺留分割合は「2分の1×法定相続分」ですが、養子縁組によって子どもの人数が増えると、その分法定相続分が小さくなるので、相続人それぞれの遺留分割合も小さくなるのです。

このケースで遺留分割合の変化とその効果を次ページの図表に示しておきましょう。

■養子縁組を活用する際の注意点

遺留分対策として養子縁組を活用する場合、次の点には注意してください。

①養子の数が多すぎると、無効になる可能性がある

養子縁組するには、親と子の双方においてお互いに親子と認められる関係をつくろうとい

| 養子縁組と遺留分割合の変化 |

① 相続人が長男と長女の
2 人だけの場合

遺留分割合

$$\frac{1}{2} \times \frac{1}{2} = \frac{1}{4}$$

② 1 人を養子縁組して相続人が
3 人に増えた場合

遺留分割合

$$\frac{1}{2} \times \frac{1}{3} = \frac{1}{6}$$

③ 2 人を養子にして相続人が
4 人に増えた場合

遺留分割合

$$\frac{1}{2} \times \frac{1}{4} = \frac{1}{8}$$

このケースでの養子縁組の効果

遺産が **4000** 万円

長女と長男だけが
相続人の場合

対策前、長女は長男へ
$\frac{1}{4}$ = **1000**万円を遺留分侵害額
として支払わなければいけない

養子が 2 人いて
相続人が 4 人の場合

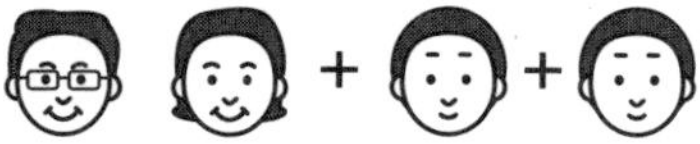

長女は長男に遺産の
$\frac{1}{8}$ = **500** 万円を遺留分侵害額
として支払えばすむ

う「縁組意思」が必要です。この点、法律上は養子の人数に制限はありませんが、長男の遺留分侵害額請求（127ページ参照）を妨害する目的で、あまりにも多くの人と養子縁組をしてしまうと、長男から「そもそも縁組意思がない」と主張され、最終的に裁判所で養子縁組が無効と判断されてしまう可能性があります。そのため、無効とされない範囲で養子縁組の活用を検討する必要があります。

②養子にも遺留分が認められることになる

実子と同様に、養子縁組によって養子にも遺留分が認められることにも注意が必要です。たとえば「長女にすべての遺産を相続させる」という遺言書を作成して長男の取得分を減らせたとしても、養子から長女に遺留分侵害額を請求されてしまうと、結局、長女は遺留分侵害額の負担が大きくなってしまいます。

③税務では養子の数に制限がある

一定数以上の養子がいる場合、相続税の計算時に実子とは異なる扱いとなります。

相続税には「基礎控除」が認められ、基礎控除の範囲内であれば相続税がかかりません。そして、基本的には「3000万円＋法定相続人数×600万円」までの金額が基礎控除として控除されます。つまり、子どもが増えると、その分基礎控除の額が上がり、相続税の負担が生じにくくなりますが、相続税法では基礎控除額の計算における養子の人数について、次のとおり上限を設定しています。

- **亡くなった人に実子がいる場合には養子1人まで**
- **実子がいない場合には養子2人まで**

このケースでは、すでに実子が2人いるので、相続税の基礎控除で考慮できる養子の数は1人までとなります。

■なぜ、孫を養子にするケースが多いのか?

養子による長女への遺留分侵害額請求を防止するためには、長女に近い親族を養子にするのがよいので、候補となるのは長女の夫、もしくは孫(長女の子ども)です。もっとも、長女の夫を養子にした場合、長女とその夫が離婚する可能性もゼロとはいえません。

そういった〝リスク〟を考えると、はじめから孫を養子にしておくのがよいでしょう。

なお、このケースで、長男の遺留分割合を減らすことを最優先に考えるのであれば、長女の夫と孫2人の全員を養子にするという選択も考えられます。しかしその場合、相続税の基礎控除額については、養子1人として計算することになりますので、税務上の負担等も考慮しながら遺留分対策の具体的内容を検討してみるとよいでしょう。

以上見てきたとおり、遺言書によっても遺留分を奪うことはできませんが、養子縁組を活用することにより、各相続人の法定相続分を減らし遺留分割合も減らすことができるため、**養子縁組は遺留分対策として有効な方法**といえます。このケースでは、相談者は長女家族と同居し良好な関係性を築いているので、長女の夫と孫2人の全員を養子縁組としたとしても、すべて縁組意思が肯定される可能性も十分あります。その場合、相続人は5人（長男、長女、長女の夫、孫2人）となり、それぞれの遺留分割合は10分の1まで減りますので、「できるだけ長男に相談させないようにしたい」という相談者の希望は一定程度実現できることになるでしょう。

CASE 8

遺留分の金銭債権化
最低限の取り分は、お金でちょうだい!!

211ページ参照

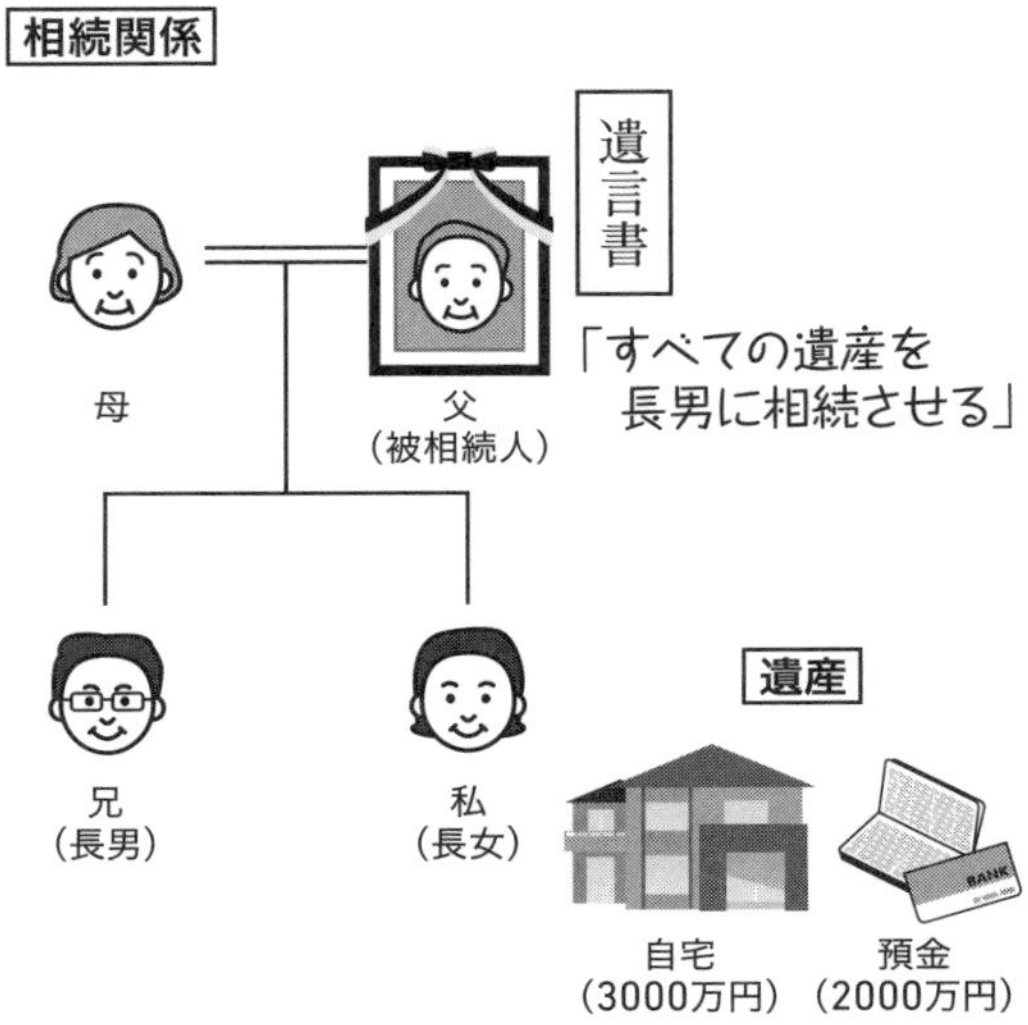

私の実家は地方の片田舎にある旧家で、父、母、兄（長男）、私（長女）の4人家族です。私は結婚して父母と同居していません。兄は妻と子がいて、また高齢の父母と同居していました。

ところで先日、父が亡くなりました。その葬儀が終わったとき、兄が父の遺言書を取り出し、家族会議でこんなことをいい始めました。

「父の相続財産はすべて兄の私が相続す

ることになっている。結婚して外に出て行ったお前には何もない」と。

私は、「何を考えているのよ。そんな、まるで昔の家父長制みたいなこと、いま、まかり通っていいわけがないいじゃない！」と反論しましたが、その場にいた親戚も父の筆跡で書かれた遺言書を見て、

「こりゃ、お父さんの遺言を尊重してあげないと。しかたないな」

とまったく他人事のようでした。

「あなたの取り分を長男の奥さんにあげた気持ちになって、ここは丸く収めたらどう？」

という親戚までいて、私は寒気すら感じました。

母もしかたないというが、私はできればお金でもらいたい

こんな周りの空気を察している母は、父が亡くなったあとも兄と同居し、面倒を看てもらうことから兄のいいなりで、父の遺言についてもしかたがないといっています。

このような状況ですが、私はどのようにしたらよいでしょうか？　遺言のとおり何ももらえないのでしょうか？　もらえるとしたら、できればお金でもらいたいと思っています。

ちなみに、父の遺産は自宅の土地・建物（時価3000万円）、預金2000万円で、債

務はまったくありません。また、父は生前に家族や親戚、第三者に何かを贈与したということもありません。

どうする？

遺留分は遺産の持分を取得するのではなく金銭で請求する

■ 共有持分を取得しても意味がない？

相続法の改正により、遺留分を侵害された場合でも、遺留分権利者（遺留分の権利がある人）は、その侵害を回復するために、遺留分が侵害された限度で、それに相当する金銭を請求できるようになりました。

まず忘れてはならないことは、嫁いで実家を出て、父母とは同居していなかった長女にも遺留分があるということです。配偶者や子など、兄弟姉妹ではない一定の相続人には、相続財産の一定の割合について、遺言によっても奪われない権利があります。つまり、**どんな遺言がなされたとしても相続財産の一定割合を取得できる権利**が保障されており、これを**遺留分といいます。**

相続法改正前の遺留分の扱い

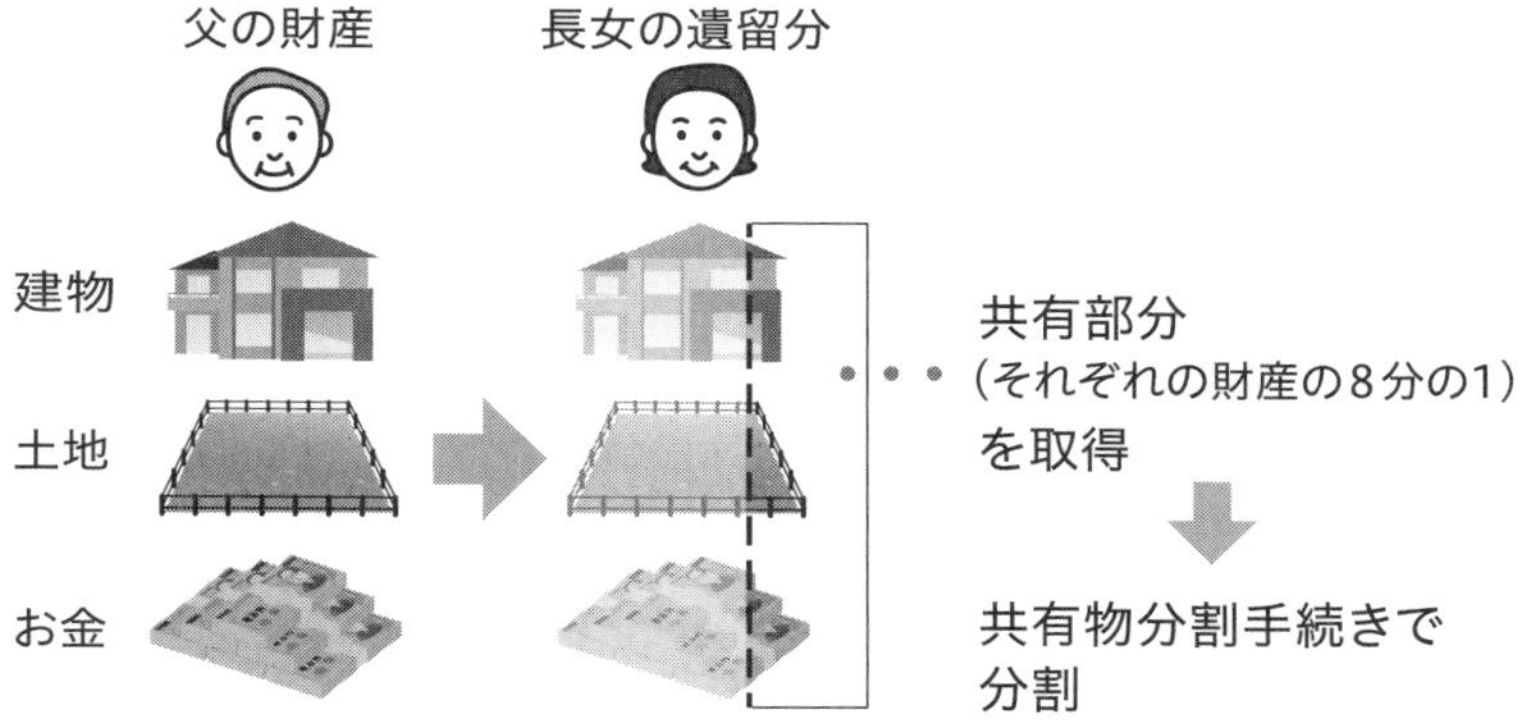

本ケースでは、長女の遺留分割合は8分の1（1／2×法定相続分1／4）です。つまり、長女は、父親の遺産のうち最低でも8分の1を取得する権利を持っています。ただし、相続法の改正前は、遺留分が侵害された場合に、「遺留分減殺請求権」すなわち、「遺留分に相当する相続財産自体を私にください」という権利を行使することにより、各相続財産のうち遺留分割合に応じた権利が遺留分権利者に移転するとされてきました。

これを**物権的効力**と呼びます。つまり、相続財産を構成するそれぞれの財産について、8分の1の共有持分を取得するということです。

その結果、長女は、お父さんの土地について8分の1の共有持分、建物について8分の1の共有持分、預金債権について8分の1の（準）共有持分を取得します。そのうえで、共有財産となった自宅の土地建物、預金債権の持分を共有物分割手続きで分割することになっていたわけです（前ページ図表参照）。

■共有物は自分の意思だけでは処分できない

遺留分減殺請求権を行使した場合、その相続人（遺留分権利者）は、通常は相続財産を構成する各財産を共有で取得することになります。ところが、不動産の共有持分を取得したといっても、通常は遺言で相続した人の持分割合が大きいことから、遺留分権利者である相続人は、その不動産にすぐに自分で住んだり売却したりなど使用することができるわけではありません。

預金債権についても同様です。長女は相続開始時の残高の8分の1の預金債権を持っていますが、それを当然に引き出すことができるわけではありません。なお、預金債権の引き出しについて、かつての判例では、相続開始時に当然に分割されると考えられていました。ところが、最高裁平成28年12月19日決定により、当然分割としてきた判例が変更され預金債権も遺産分割の対象となり、相続人全員の関与が必要との判断が示され、銀行の実務をあとから認めることになったのです。このため、遺留分減殺請求の場合も同様の解釈があてはまると考えられます。

そこで、財産の共有状態を解消し、現実に一定の金銭価値を得るには、別途、共有物分割手続きを行う必要があり、遺留分を侵害された相続人にとっては大きな負担になっていたのです。

■相続法の改正で遺留分はお金で請求する権利になった

相続法の改正により、**遺留分減殺請求権は、遺留分侵害額請求権として、金銭債権化されました**（新民法1046条1項）。**遺留分権利者は不動産など相続財産の持分を取得するのではなく、遺留分の侵害額に相当する金銭を支払うよう請求できることになったのです。**このため、長女は、長男に対して、遺留分の侵害額である「（3000万円＋2000万円）×1／8」の625万円の支払いを請求できることになります。

改正前でも、遺留分を侵害した側が現物の返還に代えて、金銭で弁償する（価額弁償）意思表示をした場合には、金銭での支払いが認められました（改正前民法1041条1項）。

しかし、それはあくまで、侵害者側の権利（選択）であって、侵害された相続人（遺留分権利者）側が金銭による支払いを求めることができる権利ではありませんでした。

相続法の改正によって、仮に遺留分権利者が特定の財産について持分を取得したいという意思があったとしても、金銭債権化された以上、財産について持分の取得はできないことになります。

なお、遺留分侵害者において、遺留分侵害額相当額の金銭をただちに支払えるとは限りません。そこで、遺留分侵害者が裁判所に請求すると、裁判所は、相当の期限を与えることができることとなりました（新１０４７条５項）。

CASE 9

財産の使い込み

「お母さんの預金？ 俺は知らないよ」と、とぼける兄

155ページ 参照

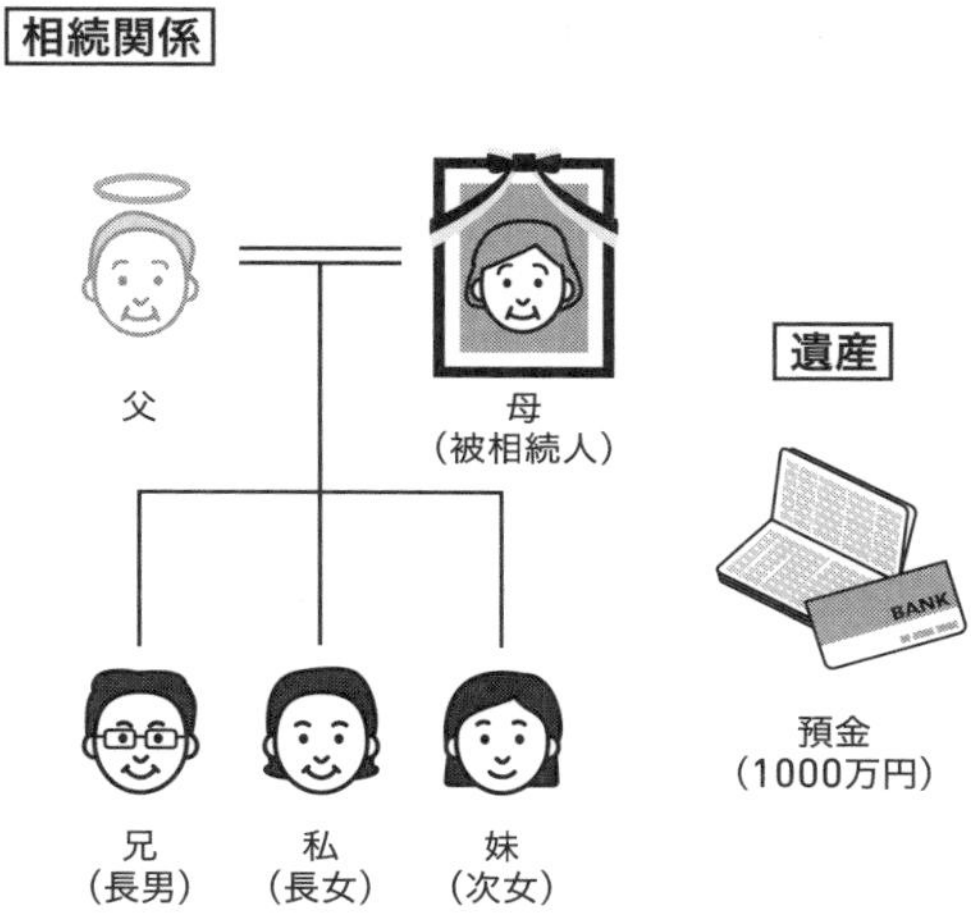

母が亡くなりました。父はすでに他界しているので、相続人は兄（長男）と私（長女）の妹（次女）3人です。

私は結婚して遠方で暮らし、兄は離婚したあとに母と同居していました。その兄から、母の葬儀後に、「お母さんの遺産は預金の1000万円だけだよ」といわれました。母は、父の遺産をすべて相続し、2000万円ほどの死亡保険金も受け取っていました。もちろん遺族年金も受給して

いました。施設に入っていたわけでもなく、預金が1000万円しかないということは、どう考えても信じられません。

取引履歴を取り寄せると、1500万円が引きだされていた

その後、兄から預金が1000万円であることを示す残高証明書を見せられました。確かに、残高は1000万円ほどでしたが、残った預金通帳を見ても、取引が逐一、記帳されておらず、履歴が正確に追えるものではありませんでした。

私はまったく納得できなかったので、金融機関から取引履歴を取り寄せてみました。すると、母が亡くなる数年前から、1回50万円近い金額が合計30回ほど引きだされていることがわかったのです。

「お兄ちゃん！　お母さんのお金を勝手に使い込んでいたのね。いい加減にしてよ！」

「使い込み？　俺は知らないよ。母さんに10万円ほど下ろしてきてっていわれて下ろしてきたことは何回かあったけど……」

母は晩年、認知症が進み、お金のことはすべて兄が管理していました。そのため、兄が母の口座から合計1500万円ほどを引き出したことは間違いありません。妹は、「お兄ちゃ

んも入り用だったのかもしれないよ。しかたがないんじゃない？」と母の遺産にまったく関心がないようです。妹の無関心さにも腹が立ってきますが、私としては兄の対応はまったく納得できず、許せません。

このような場合、私は兄に対して、何か主張できないのでしょうか？

どうする？

兄が合意するかどうかで対応が異なる

■使い込まれた預金は相続財産の対象とはならない

亡くなった方の預金を長男が使い込んだ場合、相続人（長男と長女と次女）の間で合意ができればその分も遺産分割の対象とすることができます。しかし、合意ができなければ、遺産分割とは別に、長女が長男に対して不当利得返還請求または損害賠償請求を行うことになります。

まず、遺産分割とはどんなことか、その対象財産は何かについて考えてみましょう。

遺産分割とは、相続時に共同相続人の共有（遺産共有）に属することになった個々の財産について、その共有関係を解消し、各相続人の単独所有または一定の共有関係にする手続きです。つまり、相続人のうち、誰がどの遺産を取得するかを決める手続きといえます。

もっとも、亡くなった方の死亡時にあった財産でも、遺産分割を行う際に存在しない財産は、遺産分割の対象財産とはなりません。そのため、**遺産分割の対象となるのは、「相続開始時に存在し、かつ、分割時にも存在する未分割の財産**」となります。

すると、このケースで長男が母親の預金を使い込んでいたとしても、母親の生前に使い込んだ預金は相続開始時に存在しませんし、また、母親の死亡後に使い込んだ預金も遺産分割時に存在しません。そのため、結局、使い込まれた預金については、母親の遺産分割の対象財産とはならないのです。「この銀行に、〇〇万円の預金があったはずだ」と文句をいっても、遺産分割においては認められない話なのです。

ただし、使い込まれた預金であっても、相続人全員が合意すれば、その預金額（もしくは同額の現金）を遺産分割の対象財産とする取扱いが実務上は認められています。しかし、預金を引き出したこと自体が争われるケースや、亡くなった方から生前、引き出すことを依頼されていたなどと、自分自身の使い込みを否定する相続人は少なくありません。

このような場合、使い込まれた預金を相続人間で遺産分割の対象財産として合意をすることはむずかしく、そうなると、家庭裁判所における遺産分割調停や審判によっては使い込みの問題を解決できません。この場合、別の法的手続きにより解決をせざるを得ないことになります。

■使い込んだお金の返還を裁判で争う場合は？

相続人は長女と長男と次女。そのうち長男が母親の預金を使い込んだことがはっきりしたとしましょう。その場合、預金の使い込みについては、長女から長男に対して不当利得返還請求または損害賠償請求を行うことにより解決を図ることになります。話し合いでの解決が困難な場合は、請求額に応じて簡易裁判所か地方裁判所に訴訟を提起します。

そして、使い込みの時期が相続開始の前か後かによって、主張すべき法律上の構成が少し異なります。

①相続開始前の使い込み

まず、母親が長男に対して、母親が亡くなる前に引き出された預金と同額の不当利得返還請求権ないし不法行為の損害賠償請求権を取得します。そして、相続開始により、長女が自分の法定相続分に応じて分割されたその債権（請求権）を取得することになります。

②相続開始後の使い込み

相続発生時に存在した預金1000万円のうち、長男により引き出された（使い込まれた）場合は、長女が長男に対して、使い込んだ金額に対する長女の法定相続分に応じた割合を、不当利得返還請求ないし不法行為の損害賠償請求することになります。

■相続法の改正で、使い込まれた財産も遺産分割の対象に

改正された相続法では、「遺産の分割前に遺産に属する財産が処分された場合の取扱い」について新たに定められました。これにより、相続発生後で遺産分割前の使い込みについては、処分相続人（長男）以外が同意することにより、使い込まれた相続財産が遺産分割時に存在するものとみなすことができ、遺産分割の対象財産にできるようになりました。このケースでは、使い込まれた金額のうち、死亡後に引き出された部分については遺産分割の対象財産に加えることができるようになったわけです。

もっとも、長女と次女の同意が得られない場合には、これまでどおり不当利得返還請求または損害賠償請求により解決を図らなければいけません。また長男が、自分が引き出したことを否定する場合は、遺産分割の前提問題として、その処分された財産も遺産分割の対象に

含まれることの確認を求める民事訴訟により解決を図ることも考えられます。

長男による1500万円の使い込みが認められる場合、長女は長男に対し、自分の法定相続分（母親の遺産の3分の1）に応じた500万円を長男の不当利得として請求でき、長男がこれに応じなければ、地方裁判所に不当利得返還請求訴訟を提起することになります。無関心だった次女の態度が変わり、次女が長男に対して請求する場合も同様です。

■いかに使い込みの事実を証明するかがカギ

使い込み返還請求では、使い込まれた金額を特定することはもちろんのこと、使い込んだ事実に対する証拠の有無がきわめて重要です。長女は、使い込んだ事実が納得できない、許せないと思っているのかもしれませんが、長男からは「そもそも1500万円を引き出していない」「母親に頼まれて引き出したもので全額を母に渡した」「母親に代わって引き出し、全額を母親のために使っている」などの反論が予想されます。

それぞれの主張ごとに、どちらが何を立証すべきかが異なりますので、詳細は弁護士に相談することをお勧めします。いずれにしても、主張を裏づける証拠がきわめて重要なので、できる限り証拠を集めておくようにしましょう。

CASE 10

多額の生前贈与

「世話になるから」と長男に渡した多額の贈与がとんだ火ダネに！

182ページ 参照

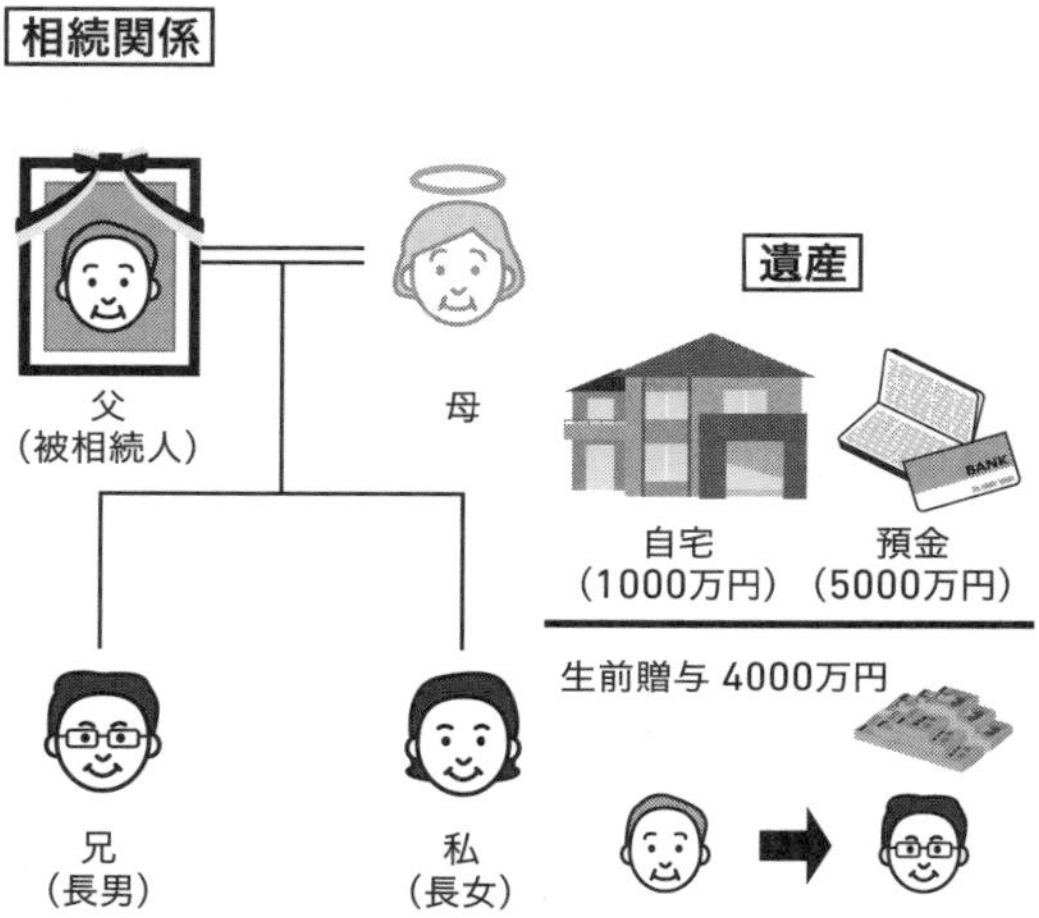

父が亡くなりました。母は早くに他界しているので、相続人は兄（長男）と私（長女）の2人のみ。遺産は預金5000万円と自宅不動産（1000万円）です。

父は兄に対して8年ほど前に、兄の自宅の建築資金の援助として4000万円を贈与していて、そのことは兄も認めています。父は、きっと将来、兄に老後の面倒を看てもらうことも想定し、できるだけのことはやっておこうと考えていたのでしょう。私もその気持ちは理解できます。

4000万円は遺産の先渡しではないか

しかし、父の気持ちは理解できるとしても、兄に渡した4000万円は明らかに不公平だと私は考えています。そこで、

「その4000万円の生前贈与分も含めて遺産分割をしたい」

と兄にお願いしました。

しかし兄は、まったく別の考え方をしていました。

「4000万円はお父さんが自分の意思で僕に贈与したのだから、きょうだい公平にとは考えていなかったはずだ。しかも8年前のことだし、4000万円を加えて遺産分割をするのはおかしいだろ！」

このように、兄は4000万円を含めた話し合いにまったく応じてくれません。兄への援助がまったく考慮されないと、きょうだいで同じ相続分なのに不公平です。昔のことを蒸し返している自分自身も嫌なのですが、私自身と私の家族のためにも、納得できるようにできるだけ公平に父の遺産を分けてもらいたい……そう思っているのです。

父から兄に対する生前贈与については、遺産分割の際にまったく考慮することはできないのでしょうか?

どうする?

相続人への生前贈与が特別受益にあたれば遺産に持ち戻すことができる

■特別受益にあたるかはさまざまな事情が考慮される

相続人の一人に対する生前贈与が特別受益にあたる場合、遺産に持ち戻して遺産分割を行います。特別受益にあたるか否かはさまざまな事情を考慮し、遺産の先渡しと認められるかによって判断されます。

特別受益とは、共同相続人のうち、亡くなった方から**遺言によって財産を遺贈**されたり、**婚姻や生計の資本として生前に多額の贈与**を受けたりした人がいる場合に、相続人間の実質的な公平を図るため、その生前贈与を相続財産に加算したうえでそれぞれの相続人の相続額を算出し、そこから各人の過去の贈与額や遺贈額を控除して具体的な相続分を算定することです(民法903条1項)。単に「特別受益」という場合のほか「特別受益の持戻し」という言い方もします。

特別受益の評価の基準時は相続開始時です。亡くなった時点での特別受益の額を算出し、遺産に持ち戻したうえで、それぞれの相続人の具体的な相続分を計算します。

特別受益に該当する遺贈や生前贈与は、共同相続人に対するものに限られるので、相続人の配偶者や子ども、第三者への遺贈や生前贈与は特別受益には該当しません。しかし、たとえば亡くなった父親が生前、娘の結婚にあたり新居用に土地建物を購入したものの、この不動産の名義については娘婿にしていたような場合には、この贈与は実質的には相続人である娘に対するものであるとして例外的に特別受益に該当するとされることもあります。

遺言によって遺言者の財産の全部または一部を相続人に遺贈する場合は、特別受益として持戻しの対象となります。

ところが、遺贈ではなく生前贈与が特別受益にあたるかは、その贈与が遺産の先渡しと認められるかどうかが基準となります。具体的には贈与された金額、遺産総額との比較、他の共同相続人との均衡などを考慮して判断されます。

■特別受益の持戻しが免除されるケースもある

特別受益がある場合でも、亡くなった方が生前、持戻し免除の意思表示をしていれば特別受益の遺産への持戻しを免除できます。これは一定の相続人に対する特別受益がある場合も、亡くなった方がその相続人の取り分を減らす意思を持っていなかった場合には、亡くなった方の意思を尊重しようとするもので、**持戻し免除の意思表示**といいます。

持戻し免除の意思表示ははっきりと明言しても（明示）、暗黙のうちに示していても（黙示）認められますが、黙示の場合には個別の事情を総合して亡くなった方が特定の相続人に対して、法定相続分以上の財産を相続させる意思を持っていたことを推認させる事情があったといえるかどうかを基準に判断されます。たとえば、一部の相続人に事業を承継させることを公言し、そのために事業に必要な財産を贈与しているなどの事情がある場合には、黙示の持戻し免除の意思表示が認められる可能性があります。

■婚姻期間20年以上の夫婦には持戻しの免除の意思表示が推定される

相続法の改正により、配偶者保護のための方策として**持戻し免除の意思表示推定規定**が新設されました。この規定は、**婚姻期間が20年以上である夫婦の一方が他方配偶者に、居住用**

建物や敷地（居住用不動産）を遺贈または贈与した場合は、持戻しの免除の意思表示があったものと推定する、というものです。

居住用不動産を贈与した一方は、他方配偶者の老後の生活保障のために贈与を行うことが多いと考えられます。そのため、亡くなった方の意思としても、この贈与により配偶者の遺産の取り分を減らすことは意図していないのが通常であるだろうと考えられ、この場合には持戻し免除の意思表示を推定することにしたものです。

もっとも、これは配偶者に対する居住用不動産の贈与等の場合を対象としているので、子どもである長女への贈与等の場合は適用されません。また、あくまで、「……と推定する」という推定規定であるため、たとえば、亡くなった方が生前に居住用不動産の贈与について、持戻し免除の意思表示を否定していたような場合は、特別受益として遺産に持ち戻し、それぞれの相続分を計算する必要があります。

■贈与された4000万円が特別受益にあたる場合の対応

このケースでは持戻し免除の意思表示があったとはいえず、長男が受けた生前贈与は生計の資本としての贈与にあたるため、特別受益にあたり、遺産に持ち戻されます。

その結果、遺産分割の対象は、

①預金5000万円

②自宅不動産1000万円

③生前贈与4000万円

合計1億円となり、長男の法定相続分は2分の1のため、長男の取得分は5000万円となります。もっとも、長男はすでに4000万円の生前贈与を受けているため、長男の具体的相続分は、「5000万円－4000万円＝1000万円」となり、遺産から預金1000万円を取得すれば、それ以上は遺産を取得できないことになります。

このように、特別受益にあたる生前贈与を遺産に持ち戻し計算することにより、相続人間の実質的な公平を図ることが可能になるのです。

ちなみに、長女の取得分も5000万円となり、分割時の遺産（預金5000万円＋自宅不動産1000万円）から長男の取得分の預金1000万円を差し引いた預金4000万円、自宅不動産1000万円を取得することになります。

CASE 11

死亡保険金の受け取り
姉だけが多額の保険金をもらうって、そんなのアリ？

161ページ 参照

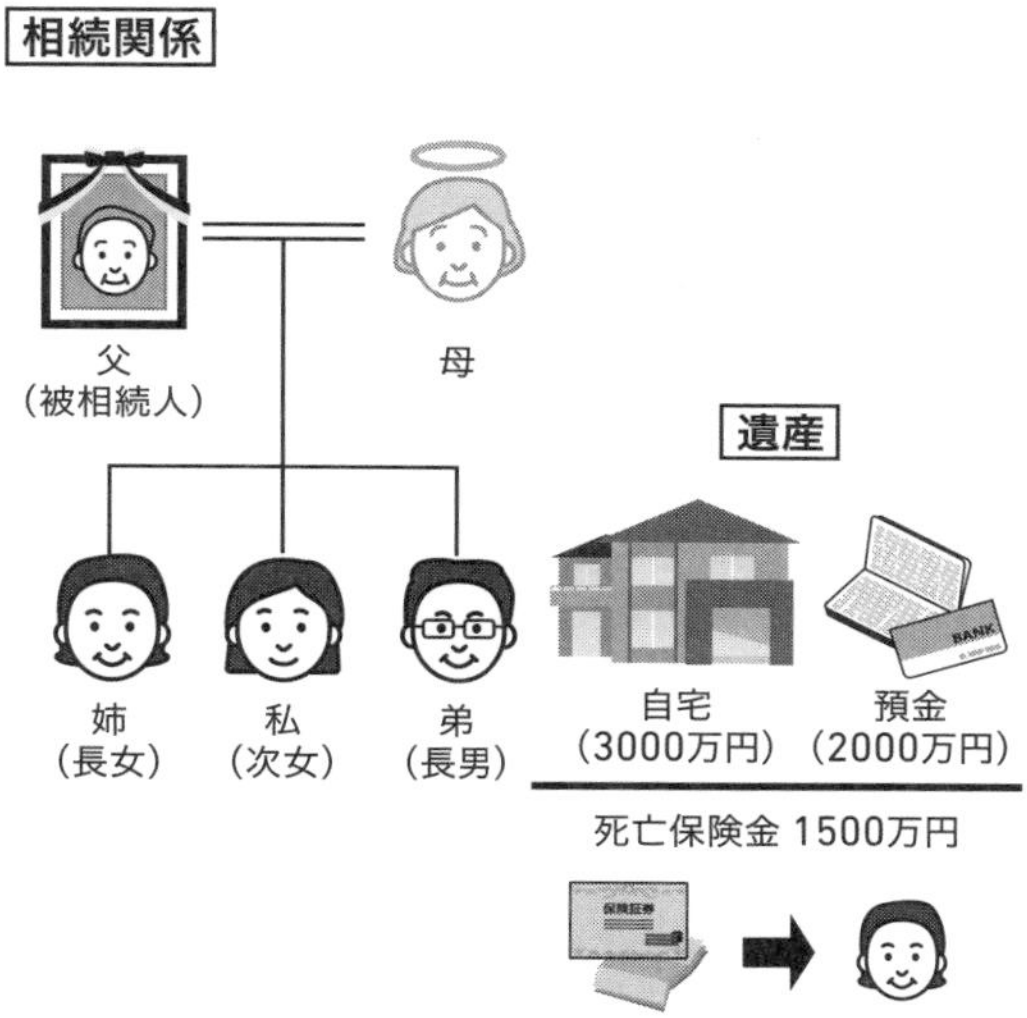

父が亡くなりました。母は10年前に他界していたので、相続人は、姉（長女）・私（次女）・弟（長男）の3人です。

父の遺産は預金と自宅不動産ですが、そのほかに、父がかけていた生命保険があり、姉が保険金受取人に指定されていたので、死亡保険金として1500万円を受け取っています。母が亡くなった後にかけた生命保険で、姉が父の面倒をよく看ていたので、子どもを代表するかたちで姉を受取

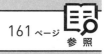

人と指定する契約をしたのだと思います。

遺産分割の内容としては、自宅は共有として（実際には姉が売却し、売却で得たお金をきょうだいで3等分しようという話になっています）、預金はきょうだいで3等分したいと考えています。結局、遺産を3等分するのですから、公平だし、それでかまわないだろうと考え、遺産分割協議書への署名捺印をすることにしました。

「死亡保険金も分けてよ！」と、弟からの思わぬ反発

ところが、署名捺印の段階になって、姉は弟から思わぬ反発を受けました。

「お父さんの死亡保険金についても、ちゃんと分けてくれよ！」

弟の気持ちのなかでは、姉との不平等についてわだかまりがあったのでしょう。結局、弟の署名捺印はもらえませんでした。

姉はきょうだい間でお金のことでもめたくないので、弟に500万円を払おうと思っているようです。しかし、姉は専業主婦ですし、そんな大金を渡すとすれば、ご主人が反発するかもしれません。

弟も死亡保険金が支払われた当時は受け流していたものの、いまになって、

「お姉ちゃんだけ先に1500万円ももらっていることが、そもそも不公平なんだよ！それくらいわかってよ」と怒っています。私は「親がいなくなって、きょうだい間でもめてるなんて……」と悲しい気持ちですが、確かに姉だけ保険金を受け取るのも不公平のような気もします。

このような場合、そもそも、死亡保険金も法定相続分にしたがって分配しないといけないのでしょうか？

どうする？

生命保険金は原則、遺産分割の対象財産ではない

■ 生命保険金は遺産ではなく受取人の固有財産

生命保険金は亡くなった方が支払っていた掛け金（保険料）が形を変えたものともいえます。そのため、受取人ではない相続人の立場からすると、実質的には遺産であると主張したい気持ちもわからないではありません。このケースにおける長男の発言も、このような気持ちがあってのことでしょう。

しかし、判例上、生命保険金は保険契約の効果として、指定された保険金受取人がその固有の権利として直接取得するもので、遺産の範囲には含まれないと解されています。つまり、**生命保険金については遺産分割とは別に保険金受取人がそのまま全額を取得できることになるのです**。そして、このような判例の解釈は、ほぼ確立したものとなっています。

■特別受益となるかどうか?

生命保険金が遺産に含まれないとしても、このケースでは、長女と次女、長男との間に経済的な不公平が生じていることは間違いありません。そこで、長男の立場からは、生命保険金が長女の特別受益にあたると主張し、生命保険金も遺産に持ち戻したうえで、それぞれの相続人の具体的相続分を計算し直してほしいと要求することが考えられます。

この点について判例は、相続人の一人が取得した生命保険金は原則として特別受益にあたらないが、共同相続人間に著しい不公平が生じる場合には、事案に応じて民法９０３条の類推適用により持ち戻しを認めるとの判断を示しています。つまり、一定の場合は例外的に特別受益と同様に扱うわけです。

不公平の程度が著しいかどうかを判断する要素としては、保険金の額や保険金の額が遺産の総額に占める割合、亡くなった方と保険金受取人との同居の有無、亡くなった方の介護等に対する貢献の度合いなど、保険金受取人である相続人と亡くなった方との関係、保険金受取人でない他の相続人と亡くなった方との関係、それぞれの相続人の生活実態などさまざまな事情が判例上で挙げられています。

生命保険金の額が遺産の額の何割に達していれば特別受益に該当するといった明確な基準はありません。まさに諸般の事情を考慮して判断されるわけですが、たとえば、「死亡保険金は3000万円だが、生命保険の掛け金が高額だったため遺産は1000万円しか残っていない」といった極端なケースでは、死亡保険金を受け取る相続人と他の相続人との不公平の程度が著しいものとして、持ち戻しが認められると思われます。生前対策としての生命保険の活用にも、このような限界があることには注意が必要です。

■いちばん避けるべきは、もめて遺産分割ができないこと

以上のとおり**生命保険金は遺産の範囲には含まれず、原則として特別受益にもあたりません**。このケースでは、長女が生命保険金を受け取ることで、3人のきょうだいの間に著しい不公平が生じるような例外的なケースとまではいえないでしょう。そうであれば生命保険金

については遺産分割の対象財産とはならず、長女は長男の要求には応じる必要はないといえます。

もっとも、法律的には遺産分割の対象財産とならないとしても、長男がそれで納得するかは別問題です。そこで、まずは「法律的には、結局こうなる」という法律的な結論をしっかりと説明したうえで、それでも長男が納得しない場合には、スムーズに協議書への署名捺印を得るために、いわばハンコ代として遺産分割で渡す予定だった現金に多少の上乗せをしてあげるという解決策も、早期解決のために現実的な選択肢といえます。

このケースは、解決にあたって経済的利益を優先するか早期解決を優先するかなどの優先順位をつけて、早期解決を優先させる場合には、必ずしも法律的な解決にこだわることなく現実的な解決案を検討してみてもよい事例、といえるかもしれません。

CASE 12

共有名義の解消
みんな共有名義を解消したいけれど、結局もめごとに!?

242ページ 参照

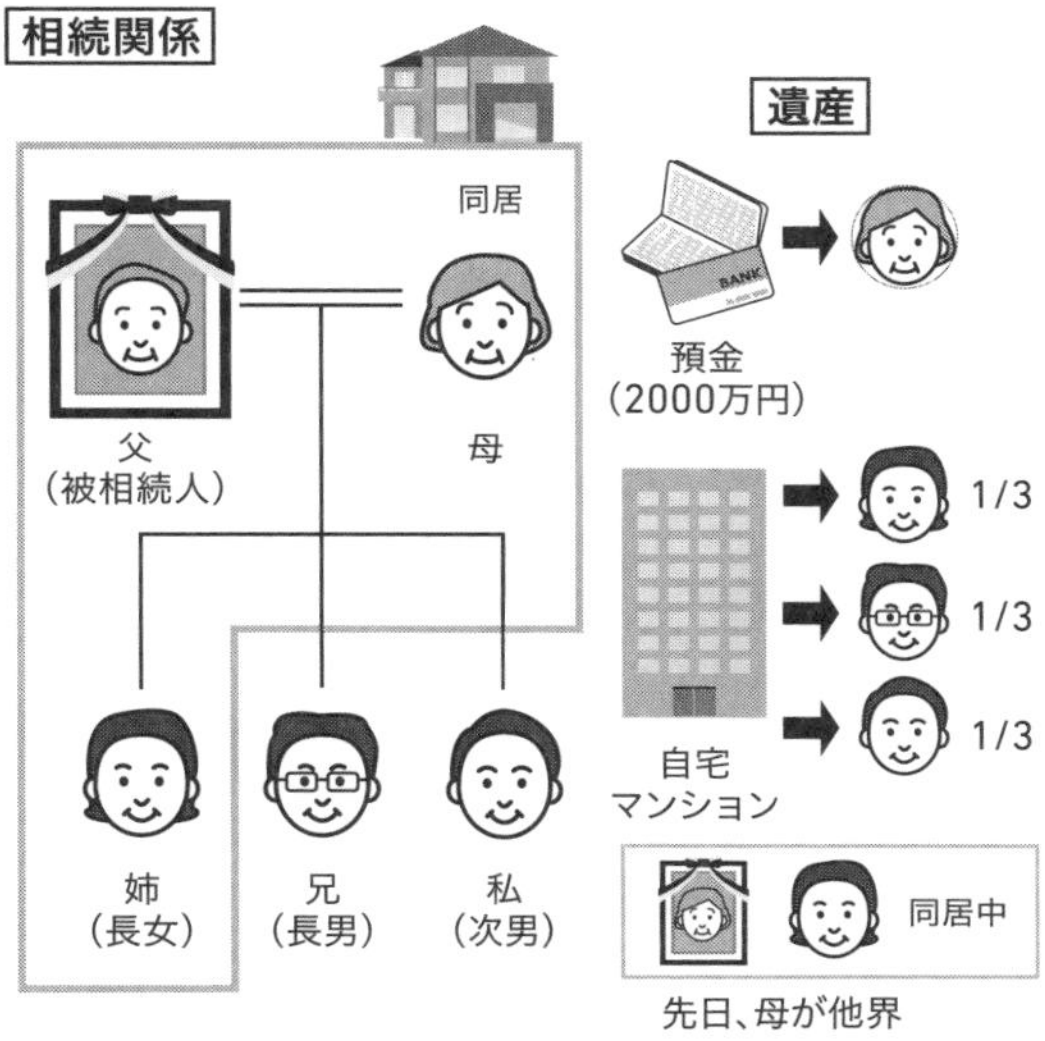

父が亡くなりました。相続人は、母と姉（長女）、兄（長男）、私（次男）の4人で、遺産は預金とマンションです。両親と姉が、マンションで同居していました。

4人で話し合った結果、母には生活費として預金を取得してもらい、自宅マンションはいったんきょうだいで3分の1ずつの持分で共有するという内容で遺産分割協議書を作成しました。そして、母には、姉とそのままマンションに住んでもらうことにしました。

しかし先日、その母も、父の後を追うように亡くなってしまいました。すると、もう母の住居を確保してあげる必要もありませんし、姉だけが母と暮らしたマンションに住み続けるのは不公平だと私は思っています。

「売却して3等分しよう」は安易な考え？

姉は「預金がまったくない」と話していますので、姉に私の持分を買い取ってもらうのはむずかしいでしょう。そこで、きょうだい3人で話し合い、マンションを売却して現金化して3分の1ずつ分けることにしました。

ただ、それにしても、「無理に処分すると、結局損をする」「マンションの評価は複数の会社に頼んでみないとダメだ」「3人のうちで誰か1人が取得するべきだ」など、共有の解消方法や売却方法などについて、私たちきょうだい、親戚や知人からもいろいろな意見が出てきました。結局、きょうだい3人どうしたらよいか途方に暮れています。

いったい、どのようにすればスムーズに共有関係を解消できるのでしょうか？

どうする？

遺産共有と物件共有の、どの段階にあるかで対応が異なる

■共有財産って、どんな物？

相続財産であった不動産の共有状態を解消するには、まず現在の共有状態が**遺産共有**と**物権共有**のいずれであるかを正確に把握する必要があります。そして、遺産共有の場合は遺産分割により、物権共有の場合は共有物分割により、共有状態を解消します。

相続が発生した場合、相続財産である不動産については、相続人間で各自の相続分に応じた割合で共有となります（民法898条）。これを遺産共有といいますが、この共有状態は遺産分割が行われるまでの暫定的な法律関係であり、その後、相続人間で遺産分割が行われ、不動産の取得者が決まると法律関係が確定します。

そして、遺産分割で不動産が共有とされた場合、確定的な法律関係としての「共有」（民法249条以下）となります。この共有状態を、物権共有と呼びます。

このように、**相続人が複数いる場合、相続財産である不動産については、相続が発生したときに遺産共有となり、遺産分割後の共有状態については物権共有となる**わけです。

このケースの場合、父親が他界した直後、マンションが遺産共有となり、その後、遺産分割協議が成立したことで物件共有となっているわけです。

■共有物の基本的な分割方法を知る

遺産共有は遺産分割前の暫定的な共有状況をいい、これを解消する方法は遺産分割です。これに対し、物権共有は遺産分割後に確定した共有状態であり、民法２４９条以下の規律にしたがうことになります。その**共有状態の解消方法は共有物分割請求**です。

共有物分割請求は、それぞれの共有者が他の共有者に対して行います。共有物分割請求は共有状態であれば原則としていつでも行うことができますが、共有者間で一定期間内は分割しないとの契約をした場合には、その期間は共有物の分割ができません。

なお、共有物の分割方法としては、次ページの図表のように３つの方法があります。

このケースでは、②換価分割をしようということで、きょうだい３人の意見はひとまずまとまっていることになります。

共有物の分割方法

①現実分割 分筆するなどして、現実に分割する

②換価分割 共有物を売却し、売却代金を持分割合に応じて分配する

③価格賠償 一部の共有者のみが取得し、他の共有者には代償金を支払う

価格賠償の場合に考慮される特段の事情

- 特定の者に取得させるのが相当であると認められること
- 価格が適正に評価されること
- 取得者に支払能力があること
- 特定の共有者に取得させても共有者間の実質的公平を害しないこと、など

■うまく解消できない場合の分割方法

ただし、共有者間で分割方法についての意見が一致せず、話合いによる解決ができないこともあります。その場合は、裁判所に**共有物分割請求訴訟**を提起します（民法258条）。

訴訟には共有者全員が関わらなければいけないので、自分と同じ意見の共有者は一緒に原告になってもらい、意見の一致しない他の共有者全員を被告として訴訟を起こします。そして、裁判上でも分割方法についての意見が一致せず、和解による解決がむずかしい場合、最終的には裁判所が判決により分割方法を決めます。

裁判所が選択する分割方法は、さまざま

不動産の共有関係の解消方法

Ⅰ **遺産分割**を行う

↓

Ⅱ（物権共有となった場合）
他の共有者に対し**共有物分割請求**を行う

↓

Ⅲ 話合いにより解決しない場合は、
共有物分割請求訴訟を提起する

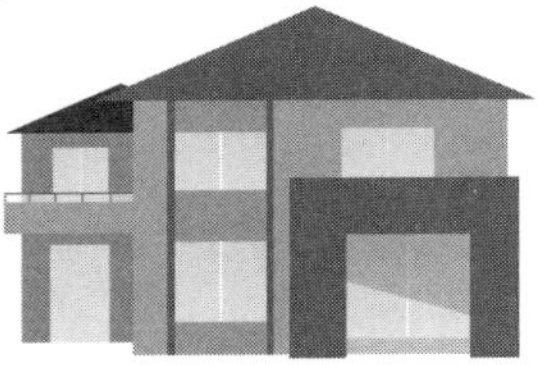

↓

Ⅳ 訴訟上で和解による解決ができなければ、
最終的に**判決で裁判所に分割方法を決めてもらう**

な事情を総合的に考慮して決定されますが、③価格賠償の場合は、利用状態や共有者の希望等も考慮し、前ページ図表に挙げた特段の事情がある場合に認められます。

このケースでは、仮に長女が③価格賠償を希望したとしても、長女には預金がないようですので、借入れをするなどして支払能力を証明できない限り、少なくとも裁判所が選択する分割方法として、長女が取得して価格賠償する方法が選択されることはないでしょう。

結局のところ、相続財産である不動産の共有関係の解消方法は、上の図表のような順序で進めていきます。

このケースでは、相続人間で自宅マン

ションをきょうだいが3分の1ずつの持分で共有するとの内容で遺産分割協議が成立していますので、共有状態は「物権共有」です。そこで、まずは共有物分割請求を長女と長男に対して行い、話し合いで分割方法や分割内容が決まらない場合には、訴訟を提起したうえで和解か判決により共有関係の解消をめざすことになります。

法的な理屈や手続きを曖昧に考えていると、いろいろな意見にも左右され、共有関係の解消がなかなか前に進みません。そのため、まずは現在の共有状態が「遺産共有」か「物件共有」のいずれであるかを正確に把握することが重要です。そのうえで、結果的に換価分割で共有関係を解消すると決まれば、あとは信頼できる不動産仲介業者を探し、その業者のアドバイスのもと売却活動をしていくのがよいでしょう。その際には、きょうだい3人いろいろな考え方があると思いますが、売却に関する情報や売却の進捗についてはそのつど共有しつつも、実際の売却手続きは3人のうち誰か1人に一任して進めたほうが、売却から分配までの手続きがスムーズに進むと思います。

CASE 13

隠し財産の発覚
死んだ父の財テク資産の数が多すぎて把握できない!!

159ページ 参照

同居している父が亡くなりました。すでに母は他界しているので、相続人は同居していた私（長男）、弟、妹の3人です。父は秘密主義だったので、父がどのような財産を持っていたのか、まったくわからず困っています。

複数の金融機関で取引していたので預貯金口座がいくつもありそうですし、普通預金だけではなく定期預金もあると思います。国債や外国債のほか、株式の取引もし

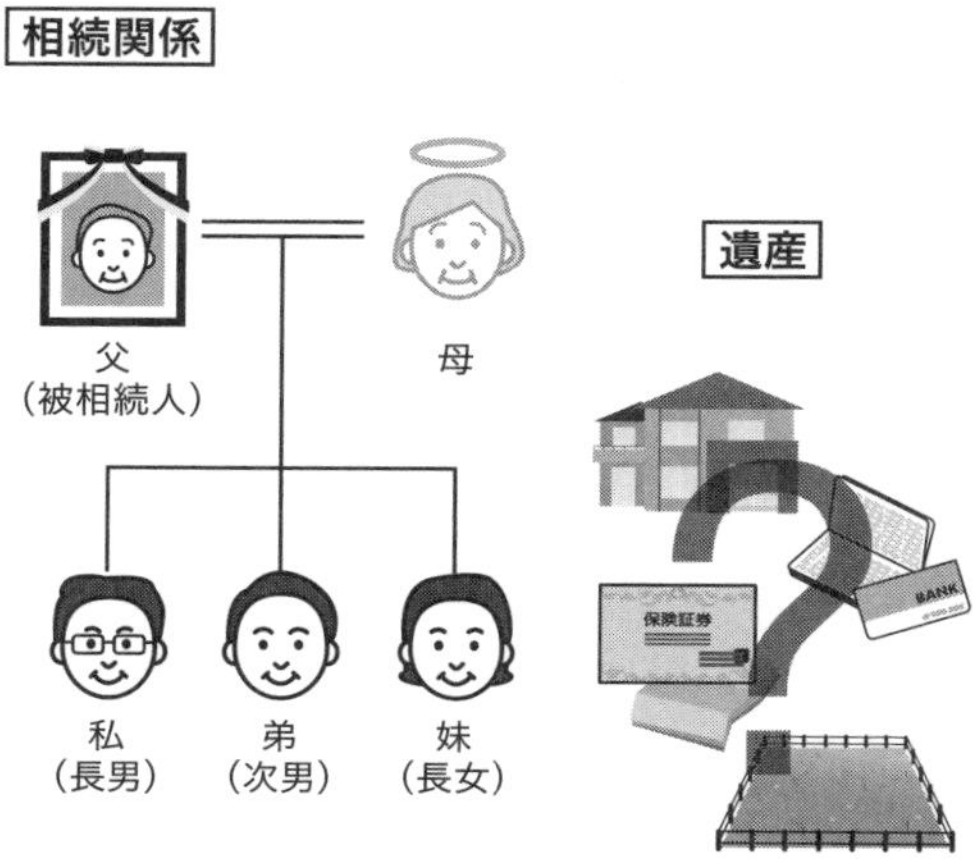

ていたようですし、不動産も自宅以外に複数あります。そうした資産運用のなかで、負債もあったのかもしれません。

どうやって財産を特定すればいいのかもわからない

父の財産を把握できず、私たちきょうだいは遺産分割協議を始めることができていません。遠方に住む弟や妹は私に期待していたようですが、私がまったく把握できていないので、弟や妹に呆れられてしまっています。弟には、「一緒に住んでいたんだから、生前にちゃんと確認しておいてよ」といわれてしまう始末。「介護は大変だったんだぞ！」といってやりたい気持ちです。妹にも「役立たずのお兄ちゃん」扱いされて、まさにきょうだいから総スカンをくらっている状態です。

このような状況ですが、父の遺産を漏れなく特定するにはどうしたらよいのでしょうか？

どうする？

専門家に依頼して相続財産調査を行う

■ 預貯金、株式、不動産などの財産を調べるときのコツ

このケースのように、残された遺産内容が不明なままでは遺産分割を始められません。なぜなら、遺産の範囲が明らかになっていないと、どの遺産を誰が取得するか協議できないからです。また、判明している遺産だけで遺産分割協議を行ったとしても、新たに遺産が発見されたら、その時点でその遺産をどう分けるか決めねばならず、結局、二度手間になってしまいます。そこで、**亡くなった方の遺産の内容がわからない場合は、まず相続財産調査を行って遺産内容を特定する必要があります。**

では、遺産の種類ごとに調べ方を見ていきましょう。

①預貯金は金融機関ごとに調べていく

ほとんどの相続のケースでは、遺産として預貯金が残されているものです。預貯金については、相続人が預け先の金融機関に照会をすれば明細を開示してもらえます。

預金通帳があれば記帳すると、相続開始時と現在の残高を確認できます。通帳がない場合

には、相続開始時の残高証明書と相続開始前後の取引履歴を取得するのがよいでしょう。取引履歴を確認することにより、相続人による使い込みの有無なども確認できます。

預貯金の調査は、金融機関ごとに個別に行わねばならないので注意が必要です。どこの金融機関に口座があるかわからない場合、まずは調査対象の金融機関を特定することから始めるしかありません。通帳や証書、自宅宛に届いている郵便の案内などから、調査対象とする金融機関を見定めます。

②株式は証券会社や信託銀行に確認

亡くなった方が株式取引をしていた場合は、株式の預け先である証券会社や株式を管理している信託銀行に問合せをすれば取引内容を開示してもらえます。上場株式を保有していれば、証券会社から取引残高証明書が届いたり信託銀行から株主総会や配当金の案内が届いたりしているはずなので、そういった郵便物を探してみましょう。通帳に配当金が振り込まれているケースもあります。

どこの証券会社に口座があるかわからない場合は、「証券保管振替機構」宛てに問い合わせてみましょう。相続人が照会すれば、亡くなった方が口座を開設して取引していた証券会社が判明するので、その証券会社に取引内容の開示を請求できます。

③不動産は名寄帳からたどる

亡くなった方が不動産を所有していた場合、基本的には自宅に保管してあるはずの**不動産の権利証（登記識別情報通知）**や**不動産の登記簿謄本、全部事項証明書**などを確認すれば詳細がわかります。不動産の数が多い場合や上記の資料がない場合には、市区町村役場で**名寄帳（固定資産課税台帳）**を取得してみましょう。

名寄帳とは、各市区町村が地域内の不動産所有者に固定資産税を課税するために管理している名簿であり、地域内の不動産とその所有者（登記簿上の所有名義人）が一覧で掲載されています。これを見れば、亡くなった方が同一市区町村内に所有している不動産がすべて明らかになるので、地元に多数の不動産を所有しているケースなどで非常に有用です。

ただし、**名寄帳の開示を受けられるのは「その市区町村内の不動産」のみ**。別の市区町村にも不動産を持っている場合は、その市区町村役場に別途、名寄帳の交付申請をしなければいけません。

④負債調べは期限に留意

相続が発生したときには「負債」についても調査しておきましょう。負債を認識せずに相続開始から3カ月が経過してしまうと、相続放棄ができなくなってしまいます。

相続財産調査に必要な書類

☑ **亡くなったことがわかる戸籍謄本や除籍謄本**

☑ **自分が相続人であることがわかる戸籍謄本**

☑ **相続財産の資料**
預貯金通帳、郵便による連絡書類などがあると、
口座番号などが特定でき、
相続財産調査がスムーズに進む

☑ **本人確認資料**
運転免許証、マイナンバーカードなど

負債については、まず借用書や貸金業者などへの振込送金の記録、貸付残高通知書やその他の契約書類がないか調べてみます。預金通帳の履歴から借金の返済が判明し、負債があることがわかる場合もあります。亡くなったあとは口座も凍結されて支払いが滞るため、電話や郵便で督促がくることも少なくありません。留守番電話や郵便物も確認してみましょう。

■相続財産調査を依頼するときは？

銀行や証券会社などへ相続財産調査をするときには、基本的に上の図表に挙げたような書類が必要となるので、手元に用意しておくとよいでしょう。

相続人が自分自身で相続財産調査をするのは、正直なところ、大変な手間がかかります。預貯金口座が多い、どこの銀行に口座があるのか判然としない、株式の照会方法がわかりにくい、名寄帳の取寄せ方や見方がよくわからないといったことはよくありますし、調査のための必要書類を集めること自体が一苦労ということもあるでしょう。

そこで、確実かつスピーディーに相続財産を調査するには、税理士、行政書士、弁護士などの専門家に相続財産調査を依頼することをお勧めします。

また、専門家が相続財産調査をした場合、調査結果をわかりやすく遺産目録にまとめて相続人に渡すケースが多いので、そのまま遺産分割協議に役立てることもできます。そこで、自分自身で調査を行う手間や時間を省き、遺産を正確に把握するためにも専門家への相続財産調査の依頼を検討されてみてはいかがでしょうか。

CASE 14

相続不動産の未登記

遺産分割の話はまとめたけれど、誰も名義変更登記をしていなかった!!

233ページ参照

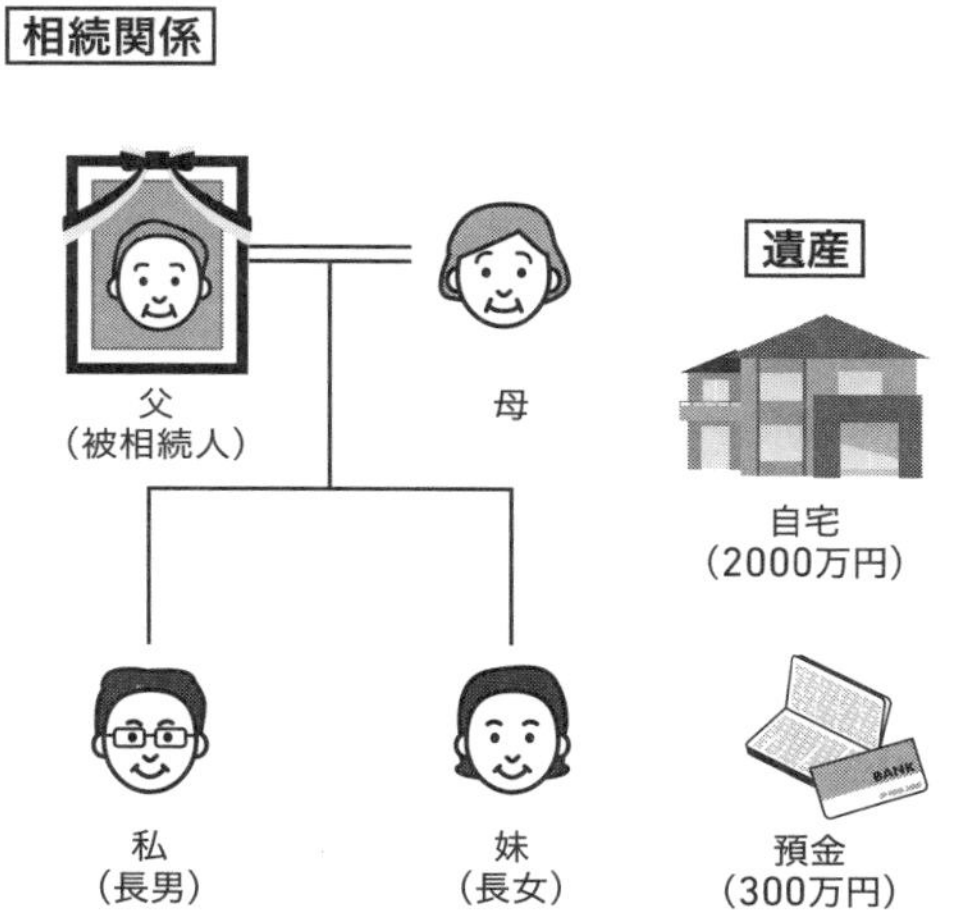

父が亡くなりました。相続人は80代の母と、長男の私と妹の3人です。遺産は父と母が住んでいた実家の土地建物２０００万円と３００万円の預金です。

私も妹も実家を出て家庭があり、生活のやりくりはできています。そのため、遺産はすべて母に取得してもらいたいと思い、まずは税理士に相談してみましたが、税理士からは「基礎控除の範囲内なので相続税申告を行う必要がない」といわれました。

そこで、母や妹にも必要な書類に署名捺印をしてもらい、私のほうで預金については早速解約し、全額を母に渡しました。また、水道光熱費や電話料金などの支払いの名義変更についても、高齢では大変だろうと私が行いました。

ただ、実家不動産についてだけは手間がかかるように思い、名義変更登記をしていなかったのです。

固定資産税の納付書が突然届いた

ところが、父が亡くなってから1年近くが経過した先月、実家に、

「お父さん宛ての固定資産税の納付書が届いたの。困ったわね、どうしましょう……」

と母から電話がありました。母は父の他界後の手続きはすべて私がやってくれたと思い込んでいただけに、税金の通知にびっくりしたようでした。

これまで、固定資産税の支払いは父が行っていたようなので、母は「よくわからないから、やっといてくれない?」と私に押しつけてきます。その瞬間、電話口で「相続のことはぜんぶ僕がやったのに、そんなことまで押しつけないでくれよ! ひとまずお金を払っておけばいいだけだろう」とつい文句が口をついて出てしまいました。

妹にも連絡したのですが、自分が何も遺産をもらっていないことを言い訳に、私に任せっきりというか押しつけてきます。

結局、固定資産税については私が立て替えて、あとから母に請求するつもりですが、そもそも、不動産は名義変更をしておかなければいけなかったのでしょうか？　また、名義変更の申請期限などはあるのでしょうか？

どうする？

申請義務も期限もないが、相続登記は早めに済ませるべき

■なぜ、名義変更登記をしなくても何もいわれないのか？

不動産について相続登記をせずにそのままにしているというケースは、実際に少なくありません。なぜなら、相続登記（不動産登記）には、申請義務も申請期限もないからです。

もっとも、**相続登記をせずそのままにしておくと、第三者に所有権を対抗できない場合があります**。わかりやすくいうと、他人に対し、自分（このケースでは母親）がその不動産を所有していると当然には主張できない場合があるということです。また、日本ではいま、所

有者不明の土地や空き家が大きな問題になっています。

こうしたさまざまな事態を解消するためにも、早めに相続登記を行うべきです。

不動産登記制度は、土地や建物などの不動産について、どこにあり（所在）、どれくらいの広さがある（地積や床面積）といった不動産の表示に関する情報や、誰が所有しているのかといった不動産の権利関係に関する情報を公示するための制度です。不動産登記に関する全部事項証明や登記情報は、誰でも取得することができます。

不動産登記により現在の権利関係が公示されることで所有者が誰であるかがわかり、安心して不動産取引を行うことができます。これを**登記の公示力**といいます。また、登記をしておくことで、第三者が所有権を主張しても、自分の所有権を対抗することができるようになります。これを**登記の対抗力**といいます。

もっとも、不動産登記法上、表題部（建物の構造や床面積など、不動産の表示に関する情報）については登記が義務づけられていますが、権利部（所有権や抵当権など、不動産の権利関係に関する情報）については登記が義務づけられていません。相続により不動産（所有権）を取得したことは、不動産の権利関係に関する事項であり権利部に登記される内容ですので、必ずしも登記することが義務づけられているわけではないのです。

そのため、遺産分割協議が成立し不動産を取得した場合でも、登記義務がなく、いつまでに名義変更（相続登記）をしなければいけないという申請期限もないため、結局、相続登記が行われずにそのままという事態が頻発します。

また、相続登記の際には登録免許税（固定資産税評価額の０・４％）も負担しなければいけないので、その負担も相続登記が行われない一つの要因だと考えられます。

■相続登記をしないことによるトラブル

遺産分割協議により、法定相続分と異なる割合で不動産を相続するケースがあります。その場合は、相続登記に申請期限はないものの、相続登記をしておかないと自分の法定相続分を超える持分の取得については第三者に対抗できません。

また、やがて相続人にも順次、相続が発生します。そのため、**相続登記を放置したままだと、いざ、その不動産を処分したいと思っても、その時点では遺産分割の当事者とすべき相続人が数十名と多数になってしまっているということもあり得ます**。すると、その相続では相続人が多すぎて遺産分割協議が事実上行えず、結局、その不動産を処分できなくなってしまう事態も起こり得ます。

そのような事態を未然に防ぐため、相続が発生したあとは、遺産分割協議を成立させたうえで速やかに相続登記を行うことをお勧めします。

なお、改正相続法では、相続による権利の承継について、遺産の分割によるものか「相続させる」との遺言かなどにかかわらず、それぞれの相続人の法定相続分を超える持分の取得については登記を備えないと第三者に対抗することができないことが明文化されました（民法899条の2第1項）。つまり、相続により取得した**自分の権利を守るためにも、やはり相続登記はしておいたほうがよい**ということです。

■近年、社会問題化している所有者不明土地問題

２０１８年11月15日に「所有者不明土地の利用の円滑化等に関する特別措置法」の一部が施行されました。一般的には**所有者不明土地法**といわれ、２０１９年6月1日に全面施行されています。

先にも述べたように相続登記が放置されたことで、相続人にも順次、相続が発生するので、ピラミッド構造で相続人が増えてしまいます。その結果、実際に現在の相続人が誰かわからなくなってしまい、遺産分割協議ができず、事実上、利用も処分もできなくなってし

まった土地が増えてきます。そうした土地（所有者不明土地）を一定の範囲で有効活用できるように制定された法律が所有者不明土地法です。

現状、日本における所有者不明土地の総面積は、九州全土に匹敵するともいわれています。そう聞くと、この問題がいかに深刻か理解できるのではないでしょうか。

所有者不明土地法では、たとえば、一定の要件のもとに、都道府県知事の裁定手続きを経て、最長で10年（延長も可能）、その土地に利用権を設定し、道路、学校、病院、公園などの「地域福利増進事業」を行えることが規定されました。また、所有者不明土地については、収用委員会による審理手続きなど土地収用法の手続きを省略し、都道府県知事の裁定手続きによって期間を短縮して土地を収用できることも規定されました。さらに、相続登記を促す制度も規定されるなどして、所有者不明土地がこれ以上拡大することを防止するための仕組みも用意されています。これ以上、日本の国土で有効活用できない土地や面積を増やさないためにも、相続発生後は速やかに相続登記を行うことをお勧めします。

なお、2021年2月に「相続登記の義務化」に関する法制審議会の答申がなされています。相続人が土地の取得を知った日から3年以内の相続登記の申請義務づけ、申請を怠った場合の過料、土地を国有化するための所有権放棄の仕組み、などが盛り込まれています。

CASE 15

事業承継の問題
死んだ父さんの面識もない株主が突然、文句をいってきた！

254ページ 参照

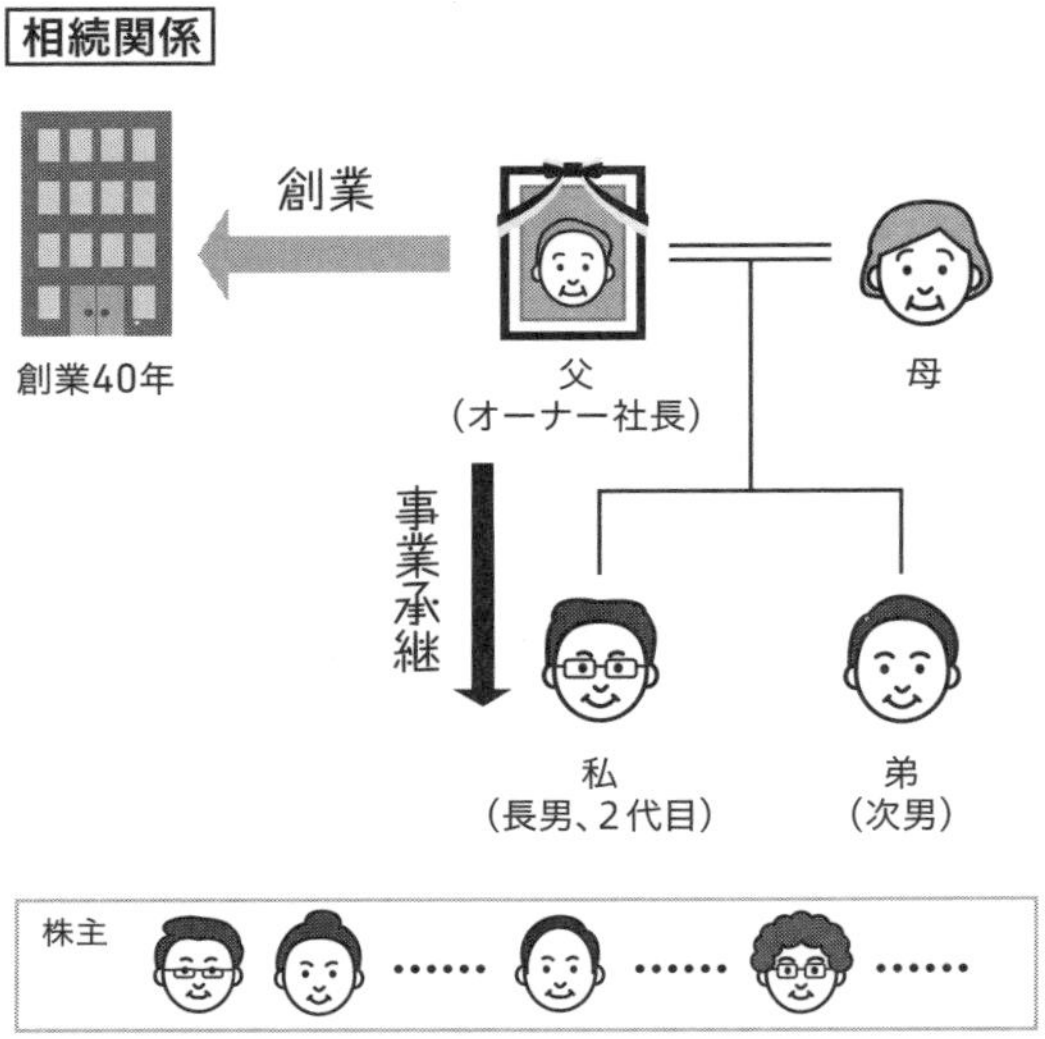

40年前に会社を創業し、これまで必死に働いてきた父が70歳で他界しました。相続人は母と長男である私と弟の３人です。そこで私が事業を継ぐ決意を固めました。

早速、銀行の担当者に今後のことを相談したところ、「御社は社長以外に株主名簿に10名の株主がいます。この株主の方たちとよく相談しないと、お父さんと同じように会社を運営することはむずかしいかもしれませんよ」といわれました。

確かに、父は会社設立時にたくさんの親族に株主になってもらっていましたが、その株主（少数株主）は実際には、ほとんど株主としての活動をしていない方ばかりです。一方の私は、会社の株式の6割を父から譲り受けて保有しています。

「株を買い戻したいなら、正当な株価を払え」といわれても……

私は銀行や知人のアドバイスも受けながら、少数株主から株式を買い取る準備を進めていました。そんな矢先、ある株主の息子さんから突然電話があり、次のようにいわれました。

「私の父が持っている株を買い戻そうとしているらしいけど、それなら正当な株価を支払わないと応じませんよ」

電話の相手は株主の息子といっても会ったこともない人です。もちろん、正当な株価を計算することはしますが、このような頭ごなしの口調では、はたして円滑に買取り交渉ができるのか、とても心配になってしまいます。

さらに、よく調べたところ、10人の株主には、どこでどう暮らしているのかよくわからない人もいて、「あの人なら、去年、亡くなったはずだよ」と母に教えられる株主もいるという始末。

会社の現在の株主が正確にわからない状況ですが、このような場合に親族から株式を取得する方法や、その株主を排除する方法はあるのでしょうか。

どうする？

まずは少数株主を発生させないようにして、発生した株主は社外に排除する

■ほったらかしにしておくと、株主が誰かわからなくなる？

事業承継を円滑に実現するには、少数株主の問題を解決する必要があります。その対策としては、少数株主が発生するのを防ぐ方法と、分散した株主を排除する方法が考えられます。

会社の現在の株主が誰かわからないということは、実はそれほど珍しいことではありません。平成2年改正前の商法は、株式会社を設立するためには発起人（設立時の株主）が7人以上必要とされていました。そのため、創業者が発起人の頭数をそろえるために、親戚や友人に株主になってもらうということがよく行われていました。

株主に相続が発生すると、株式も相続人に承継されます。そして、遺産分割により株式の取得者が決まるまで、株式は相続人間で「準共有」となります。つまり、相続人が法定相続

分で株式を持ち合っている状態になります。

そして、相続人にさらに相続が発生すると、その相続人も準共有者となり、さらに準共有者の数が増え、相続が繰り返されると、そもそも誰が相続人で準共有者なのか、正確に把握するのがむずかしくなってきます。

このように、**遺産分割を行わないまま株主に順次、相続が発生してしまうと、現在の株主が誰かわからないという事態になってしまう**のです。

■オーナー社長が相続を見据えてやるべきことは何か

株式会社の所有者は株主であり、株式会社の通常の意思決定を普通決議（議決権の過半数）、重要な意思決定を特別決議（議決権の2／3以上）で行います。そのため、**事業承継を行う場合には、後継者に、基本的には株式の全部を承継するのが望ましい**といえます。少なくとも、議決権の2／3以上の株式を承継できないと特別決議が否決されてしまう、いわゆる拒否権を持たれていることになります。そのような場合には、円滑な事業承継が実現できません。そこで、円滑な事業承継のためには、少数株主の問題を事前に解決しておく必要があります。

まず、最初に考えるべきは、**少数株主から任意に株式を買い取ること**。少数株主が保有する株式の売却に応じてくれれば、あとは会社法の必要な手続きを踏んで会社もしくはオーナーが株式を取得すれば少数株主の問題を解決できます。

もっとも、会社法や定款に規定がない限り、少数株主に対し一方的に株式の売渡しを求めることはできません。あくまで、少数株主に売却の意思があってはじめて任意に買取りができるにすぎません。いわば少数株主次第であり、非常に不確実な方法といえます。少数株主に対して株式の買取り交渉を持ちかけたものの、感情的理由から取りつく島もなく断られてしまい、結局、少数株主問題を解決できないというケースもあります。

このように、**少数株主からの株式の買取りは、原則として法的に強制できるわけではなく、あくまで交渉ごとであり、交渉当事者同士の関係性がとても重要**なのです。

たとえば、もともとはオーナーの依頼で株主になった場合、そのオーナーからの買取りの打診であれば、少数株主としてもオーナーとの関係性を踏まえて検討するため、買取り交渉がスムーズに進む可能性があります。一方で、オーナーに相続が発生したあとにその相続人から少数株主に対し買取りの打診をする場合、当事者間の関係性が希薄になってしまっているため、少数株主側が応じてくれない可能性もあります。そのため、少数株主問題については、事業承継を行う前に、現オーナーの段階で解決すべき問題として取り組んでおくのがよいといえるでしょう。

■少数株主を発生させないために定款で規定する

少数株主を発生させない対策としては、たとえば定款に、相続等で株式を取得した人に対して、**「その株式を会社に売り渡すように請求できる」と定めておく**ということが考えられます。このような定款の規定があれば、株主に相続が発生した場合は、会社の特別決議により会社はその相続人に対して一方的に「株式を売ってください」ということができます。これにより、相続による株主の分散を防ぐことができます。

もっとも、あらかじめ定款に相続人等に対する売渡し請求を規定しておくと、長男に相続が発生した場合、少数株主だけの特別決議で売渡し請求を決定できてしまうことになり、少数株主が支配株主に昇格してしまうというリスクがあります。

このような事態を防ぐには、少数株主の相続発生後に定款変更し、相続人に対する売渡し請求を規定したうえで、さかのぼって少数株主の相続人に対し売渡し請求を行うことが安全な方法と思われます。

■少数株主から株式を強制的に買い取る方法もある

実際に発生している少数株主については、会社法の規定にもとづき株主から締め出す、いわゆるスクイーズアウトという対策があります。少数株主に金銭を支払い会社から出ていってもらう方法のため、キャッシュアウトとも呼ばれます。

まず、会社法の改正により、会社の株式の90％以上を保有している「特別支配株主」については、少数株主に対し株式の売渡しを請求することができるようになりました（会社法179条）。少数株主の同意なく一方的に株式を取得することができるため、90％以上の株式を保有している場合はこの規定にもとづいて少数株主問題を解決することができます。

また、会社法の改正により、少数株主保護のための規定（事前・事後の書類の備置や、差止め請求、反対株主の株式買取り請求、価格決定申立ての各手続きなど）が整備されたため、株式併合というスキームを使ったスクイーズアウトもよく利用されています。

この方法は、各少数株主の保有株式数（たとえば5株）を超える株式数を1株に併合するという併合割合（たとえば6株を1株に併合）で株式併合を実施すると、1～5株を保有する少数株主については1株未満となるため、端数に相当する金銭を払って非株主化するという手法です。

事業承継のための少数株主への対応

① まずは少数株主と**株式の買取り交渉**を行う

② 買取り交渉が決裂した場合には、
少数株主に相続が発生した際に
定款変更（特別決議）して
株式の売渡し請求を行う

③ もしくは株式の保有割合が **2/3** 以上の場合には、
スクイーズアウトの方法により
少数株主を締めだす

なお、株式併合を決議するには株主総会の特別決議（議決権の２／３以上の賛成）が必要です。本ケースの長男のようにオーナー側の株式保有割合が２／３未満の場合は、株式併合の方法によることはむずかしいため、まず２／３以上の保有割合になるまで任意交渉により地道に株式を買い集めていくしかありません。

少数株主問題を解決するためには上の図表のような対応が考えられますが、どのような方法を選択するかについては、会社の実情によっても異なりますので、弁護士や税理士などの専門家に相談することをお勧めします。

いずれの場合も、本来であれば先代の段

階で少数株主の問題は解決しておくべきといえますが、本ケースでそれは叶わぬことなので、先代の気持ちになって次のように対応してみるのもよいでしょう。

まず自分以外の株主が誰かを確定し、その株主に株式を譲渡してほしいことを真摯に説明し、任意の買取りをめざします。先代の長男ということであれば、少数株主の方々も先代との関係性を踏まえ、売却に応じてくれるかもしれません。

しかし、相続等で先代とは直接の面識がない株主の場合、売却に応じてくれない、あるいは高額の対価を要求してくる可能性があります。その場合は、長男の株式保有割合が2／3以上となった段階で、株式併合の方法により残りの少数株主を締め出すほかないでしょう。

いずれにしても、**少数株主の問題は、先延ばしにするとさらに株主が増えてしまうリスクがあります**。また、株価が上がってからスクイーズアウトをすると、少数株主に支払う対価も高額となってしまいますので、早期に取り組んだほうがよいでしょう。

Part 2

トラブルを回避する相続の基礎知識

相続の基礎知識

Capter 1 まず、相続発生後の
主な手続きを理解する

Capter 2 必ず押さえておきたい
相続人の範囲と権利

Capter 3 どこまでが遺産？
その範囲と評価

Capter 4 相続トラブルのタネをつむ
特別受益・生前贈与・寄与分の知識

Capter 5 もめごとを防ぐため、
遺言と遺留分を正しく理解しておく

Capter 6 相続トラブルを
法的に解決する手段

Capter 7 相続税の申告と相続登記
これだけ押さえておけば大丈夫

Capter 8 預金・保険・年金・不動産などの
遺産に関する注意点

Capter 9 オーナー社長の相続と
事業承継でもめないポイント

Chapter 1

まず、相続発生後の主な手続きを理解する

まずチェック！　相続に関する法的な事項の期限

相続の開始

7日以内　死亡届を提出

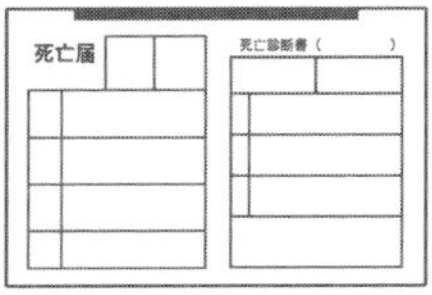

↓

3カ月以内　相続放棄の手続き

↓

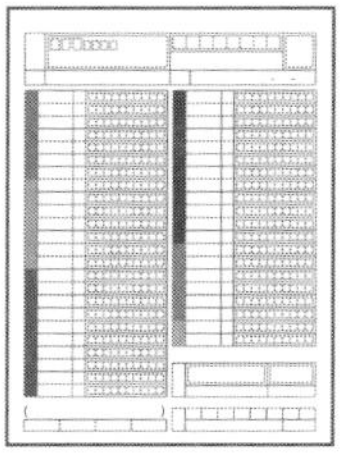

4カ月以内　故人の所得についての準確定申告

↓

10カ月以内　相続税の申告と納付

↓

1年以内　遺留分侵害額（減殺）請求権の消滅時効

↓

5年10カ月以内　相続税の更正請求の期限

相続にともなう変更登記も、速やかに！

7日以内

家族が亡くなったとき最初に死亡届を提出する

ご家族が亡くなったとき、まず行うべきことは死亡届の提出です。その期限は戸籍法86条1項に**死亡の事実を知った日から7日以内**と定められています。また、同条2項には、提出する死亡届に、**死亡の年月日時分及び場所等が記載された死亡診断書または死体検案書を添付しなければならない**と規定されています。

通常は死亡に立ち会った医師が用意してくれる

ご家族にとって初めての不幸の場合は「どこで死亡届や死亡診断書などを取り寄せ、どう書いたらいいの？」と不安になるかもしれませんが、大丈夫。通常、死亡診断書は死亡に立ち会った医師が交付し、不慮の事故などの場合には死体検案書を交付します。また、死亡診断書も死体検案書も同じ書式で、死亡届と同じ用紙に記載されています。ですから、ご家族が亡くなったときに、**立ち会った医師から死亡診断書をもらい、それに必要事項を記入して提出すればよい**のです。

提出先は、ご家族が亡くなった地や亡くなったご家族の本籍地、また、届け出る人の住所のある市区町村役場です。届け出る人は亡くなった方のご家族が一般的ですが、戸籍法87条では、同居の親族、その他の同居者、家主、地主または家屋もしくは土地の管理人のいずれかとされています。また、その他の親族や後見人等も届け出ることができるとされています。

3カ月以内

相続したくなければ相続放棄の手続きを！

相続において、亡くなった方を「被相続人」、相続する人（被相続人の「財産を承継する人」）を「相続人」と呼びます。相続人は、亡くなった方のプラスの財産のみではなく、マイナスの財産（いわゆる借金・債務）についても相続をすることになります。民法８９６条では、次のように定めています。

> 相続人は、相続開始の時から、被相続人の財産に属した一切の権利義務を承継する。ただし、被相続人の一身に専属したものは、この限りでない。

プラスの財産が借金を上回っていればよいのですが、亡くなった方のなかには借金のほうが多いというケースもあります。そのような場合にも必ず相続しなければならないとすれば、あまりにも相続人に酷です。

そのようなことにならないように、**相続人はプラスの財産もマイナスの財産もいっさい相続しないことができます。それが相続放棄**です。その期限は相続の開始があったことを知ったときから3カ月以内です。

3カ月以内に家庭裁判所に申し出る

家庭裁判所に相続放棄を申し出ることを**申述**といいます。相続放棄は相続人全員で行わなければならないわけではなく、**一人ひとりの相続人が家庭裁判所に相続放棄申述書を提出して行う**ことができます。

また、この相続放棄の申述までの期間を、相続放棄するか否かを検討する期間として熟慮期間と呼ぶこともあります。ただ、3カ月の熟慮期間では、プラスの財産が借金を上回っているかなどを調査するには十分とはいえません。そこで、必要がある場合には、その熟慮期間中に家庭裁判所に熟慮期間の延長を申し立てることができます。

さらに、熟慮期間が経過してしまった場合でも、亡くなった方に相続財産がまったくないと相続人が信じていたような特別の事情がある場合には、例外的に相続放棄が認められることがあります。すなわち、特別の事情がある場合には相続財産の存在を知った時点から熟慮期間が起算され、相続開始から3カ月経過後であっても相続放棄が認められる可能性があるのです。

なお、いったん相続放棄を申述すると、その後、その相続人は相続放棄が却下されても相続放棄を主張できなくなります。そのため、家庭裁判所は、却下すべきことが明らかな場合以外は相続放棄の申述を受理する運用となっています。これは、熟慮期間が経過したケースであっても同様です。

ちなみに、相続放棄が認められると、初めから相続人とならなかったものとみなされ、借金を相続する必要はなくなり、**相続放棄をした人に子どもがいても、孫が相続するなど代襲相続されることもありません。**

4カ月以内

故人の所得について準確定申告をしておこう

所得税は、毎年1月1日から12月31日までの1年間に生じた所得について計算し、その所得金額に対する税額を算出して翌年の2月16日から3月15日までの間に申告と納税をします。しかし、年の途中で亡くなった場合は、それ以降、年末まで所得が発生することはないため、亡くなった時点でその年の所得を計算して、納税する必要があります。

相続人が、亡くなった方の1月1日から死亡した日までに確定した所得の金額と税額を計算し、相続の開始があったことを知った日の翌日から4カ月以内に所得税を申告、納税することを準確定申告といいます。

亡くなった方が事業を行っていた場合や不動産所得を得ていた場合は、準確定申告が必要なことが多いでしょう。ただし、所得税が発生しないような場合も考えられます。準確定申告が必要かどうかについては、最寄りの税務署や税理士に確認するとよいでしょう。

10カ月以内

相続税が発生する場合はその申告と納付が必要

相続税は、亡くなった方から相続人が相続などによって財産を取得した場合に、その取得した財産に課される税金です。相続税の申告をする必要がある場合には、**亡くなった日の翌日から10カ月以内**に、亡くなった方の住所地を所轄する税務署に相続税の申告書を提出し、納付すべき税額がある場合には納税しなければなりません。

なお、申告書の提出期限に遅れて申告したり納税したりした場合には、原則として延滞税や加算税がかかります。

相続税申告が必要な場合とは？

相続税は、**相続開始前3年内の贈与や相続時精算課税に係る贈与、生命保険金等のみなし相続財産を含めた相続財産の課税価格の総額（債務も控除します）が、基礎控除**

（3000万円＋600万円×相続人の数）を超える場合に申告します。

ただ、実情は相続財産の計算から納税まで、相続人が税理士に依頼して関与してもらうケースが多いようです。そのため、ざっくりと「3000万円＋600万円×相続人の数」がいくらになるかを計算し、その額以上の財産を亡くなった方が持っていた場合は税理士に依頼し、正確な財産の総額や課税財産の確定、申告手続きまで税理士に関与してもらったほうが無難といえるでしょう。

相続税の計算では配偶者控除という控除制度があり、配偶者について1億6000万円までの配偶者控除が認められていますが、この**配偶者控除の適用を受けるには申告が必要**となりますので、その点はご注意ください。

相続税の納税は原則として現金です。現金以外の財産で納付する物納制度もありますが、細かな要件が規定され、認められにくいこともありますので、税理士などに相談してみましょう。

1年以内

遺留分侵害額（減殺）請求の権利がなくなる

遺留分制度（51ページ参照）とは、一定の法定相続人に、亡くなった人の財産のうち一定割合が相続できることを法律上保障する制度です。その遺留分を侵害された相続人は、遺贈や贈与を受けた人に対し、遺留分の権利を行使することができます。

この権利は、かつては遺留分減殺請求と呼ばれていました。この遺留分減殺請求が相続法の改正により、**遺留分侵害額請求になり、遺留分の権利が金銭債権化されました**。つまり、「私には遺留分があるのだから、その分は、贈与や遺贈がなかったことにしてほしい」ということではなく、「遺留分侵害額は○○円だから、その分をお金で支払ってほしい」という権利に変わったのです。民法1046条1項でも、次のように改正されています。

遺留分権利者及びその承継人は、受遺者（特定財産承継遺言により財産を承継し又は相

続分の指定を受けた相続人を含む。以下この章において同じ。）又は受贈者に対し、遺留分侵害額に相当する金銭の支払を請求することができる。

遺留分侵害額請求の権利は、その権利者が相続の開始及び遺留分を侵害する贈与や遺贈のあったことを知ったときから**1年で時効により消滅**します。また、**相続開始時から10年を経過すれば、遺留分権そのものが消滅**します。この消滅するまでの期間を**除斥期間**といいます。

遺留分権行使によりお金を受け取った・支払った場合の相続税の申告

遺留分侵害額請求によりお金を受け取った場合には、相続により取得した財産が増加したことになります。そのため、遺留分権利者は、相続税について**修正申告**を行うことができます。また、遺留分侵害額請求を受けて、お金を支払った相続人や受遺者は、相続税について**更正の請求**（次ページ参照）により相続税を減額してもらうことができます。

修正申告、更正の請求のいずれも、相続税法上は「……できる」と任意ですが、更正の請求によって減額が行われた場合には、これに伴って修正申告を行わなかった遺留分侵害額請求を行った相続人に対して、増額の更正処分が行われます。

5年10カ月

相続税の更正の請求の期限に注意！

いったんは相続税の申告をしたが、「間違えていた」「状況が変わった」などの理由で、もう一度相続税申告をやり直すケースもあるでしょう。いったん納めた相続税の還付を受けることを「相続税の更正の請求」といいます（次ページ図表参照）。

相続税の更正の請求はいつでもできるというわけではありません。原則、**相続開始から5年10カ月以内、つまり相続税の申告期限から5年以内**となっています。ただし、「特別な事情」がある場合には、この5年という期限によらず、その事由が発生したときから4カ月以内となります。この特別な事情とは、分割されていなかった財産が分割された場合のほか、前項のように遺留分侵害額請求によってお金を支払った場合などです。

なお、相続税の申告をやり直し、追加で相続税の支払いが必要になる場合は「相続税の修正申告」を行います。

相続税の更正の請求手続きと期限

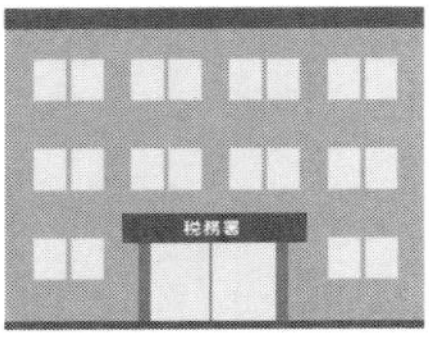

相続開始日

↓

相続税の申告と納付 ― 10カ月以内

↓ ……「間違えていた！」「状況が変わった！」

申告のやり直し

↓

相続税の更正の請求 ― 相続税の申告期限から5年以内（相続開始日から5年10カ月以内）

⋮

「特別な事情」がある場合は期限延期 ― その事由が発生したときから4カ月以内

特別な事情とは？

- 分割されていなかった財産が分割された
- 遺留分侵害額請求によってお金を支払った

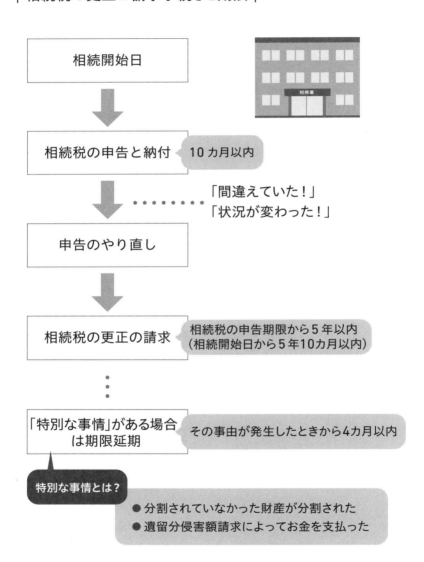

Chapter 2

必ず押さえておきたい相続人の範囲と権利

配偶者は相続放棄をしない限り、いつも、どんな場合でも相続人

配偶者は常に相続人です。その相続を放棄しない限り相続人になります。

また、配偶者以外に亡くなった方と血のつながりのある血族相続人がいる場合は、血族相続人とともに、その順位に応じて常に相続人となります。

なお、亡くなった方の内縁配偶者に相続権はありません。ただし、内縁配偶者に遺贈することは可能です。

血族相続人の相続には順位がある

血族相続人とは、亡くなった方と血のつながりのある相続人のことで、次ページの図表の順位で相続権があります。

順位というのは、先の順位の血族相続人がいないときにはじめて後の順位の血族相続人に

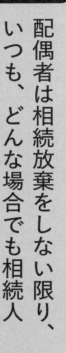

血族相続人の相続の順位

第1順位…**子**　実子、代襲相続人（いわゆる直系の孫）、再代襲相続人（いわゆる直系のひ孫）などの直系卑属。なお、養子は血のつながりはないが、子として相続権を有する

第2順位…**直系尊属**　親や祖父母など

第3順位…**兄弟姉妹**　代襲相続人を含む

相続権があるということです。第1順位の人と第2順位の人両方に相続権があることを前提に、その優先順位を示している、というわけではありません。

なお、それぞれの相続人の法定相続分は民法９００条に規定され、同順位の血族相続人が複数いる場合は、原則として等分です。この関係は、次ページの図表のようになります。

ただし、兄弟姉妹が相続人となる場合で、亡くなった方と父母の一方のみを同じくする兄弟姉妹の相続分は、父母の両方を同じくする兄弟姉妹の相続分の2分の1となります。

| 各相続人の法定相続分 |

相続人	配偶者	子	直系尊属	兄弟姉妹
配偶者のみ	すべて	―	―	―
配偶者と子	2分の1	2分の1	―	―
配偶者と直系尊属	3分の2	―	3分の1	―
配偶者と兄弟姉妹	4分の3	―	―	4分の1
血族相続人のみ	順位に応じすべて			

婚外子や胎児も相続権はある

亡くなった方の子どものうち、**婚外子や胎児にも相続の権利があります。**

まず婚外子（非嫡出子ともいいます）とは、結婚していない（法律上の婚姻関係にない）男女の間に生まれた子どものことです。その場合でも、父親が民法779条に規定する認知をすることにより、その子の出生時にさかのぼって父親と子どもの間には法律上の親子関係が発生します。そのため、婚外子も「子」として第1順位の血族相続人になります。逆に婚姻関係にない場合でも、女性の子については、その女性が亡くなった場合は当然に血族相続人となります。

なお、かつては婚外子の相続分は嫡出子（婚姻関係にある男女の間に生まれた子）の2分の1と民法上規定されていました。ところが、そのような民法の規定は、法の下の平等を定めた憲法14条1項に違反するとして削除され、**現在は嫡出子も非嫡出子も「子」として同じ割合の法定相続分となっています**。

次に胎児です。相続人は、相続開始時に生存していることが原則です。ただし、胎児については例外規定があり、**相続開始時に胎児である場合、相続についてはすでに生まれたものとみなします**。そのため、胎児も「子」として第1順位の血族相続人になります。もっとも、胎児が死体で生まれたとき、すなわち死産の場合には、相続人とはなりません。

なお、死産ではなく出生直後に亡くなった場合は、出生により胎児の相続権がいったん現実化します。その相続権を、胎児の相続人がさらに相続することになります。

覚えておきたい割合的包括受遺者と代襲相続人

誰が相続するのかについては、さまざまな規定があります。

亡くなった方が相続人ではない第三者（Aとする）に対し、たとえば、「遺産のうち3分の1をAに遺贈する」など、財産のうち一定の割合を取得させる遺言をした場合、その第三者を**割合的包括受遺者**といい、**相続人と同一の権利義務がある**ことになります。相続人と同一の権利義務がある以上、遺産分割協議やその調停・審判にも、当事者として関わります。

また、亡くなった方の子がすでに亡くなっていたり、141ページで述べる相続欠格事由に該当したり、もしくは142ページで述べる廃除により相続権を失ったりした場合には、その人の子（つまり直系卑属である孫）が「子」を代襲して相続人となります。これが**代襲相続**です。

たとえば、祖母の相続について、その実子である父親がすでに死亡していた場合は、孫が代襲相続人として第1順位の血族相続人となります。祖母の実子が複数いる場合、父親の兄弟姉妹と同等の順位の血族相続人となります。また、孫も祖母より先に亡くなっている場合は、曾孫が代襲相続人を代襲して相続することになります。これを**再代襲相続**といいます。

なお、亡くなった方に配偶者や子がいないなどの理由により兄弟姉妹が相続人となる場合に、その兄弟姉妹が相続開始以前に亡くなるなどして相続権を失った場合には、その兄弟姉妹の子が兄弟姉妹を代襲して相続人となります。ただし、**兄弟姉妹が相続人となる場合、再代襲相続は認められていません。**

相続放棄・単純承認・限定承認
相続には3種類の選択肢がある

相続が発生した場合でも、民法は「相続をするかしないか、どのように相続するか」の自由を相続人に認めています。その方法が「相続放棄・単純承認・限定承認」と呼ばれるものです（次ページ図表参照）。

相続放棄や限定承認をしなければ、単純承認となる

相続放棄とは45ページで述べたように、相続人が自己のために相続の開始があったことを知ったときから3カ月以内に家庭裁判所に申述して相続を放棄できる制度です。亡くなった方のプラスの財産より借金などのマイナスの財産のほうが多く、「借金を相続したくない」という場合などが相続放棄をする典型例です。

通常は単純承認により相続する場合が多いと思います。これは民法920条に定められて

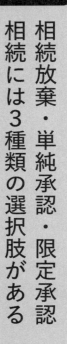

相続放棄・単純承認・限定承認

相続放棄…プラスの財産もマイナスの財産も、**いっさいの相続を放棄**すること。相続人が単独で対応できる

単純承認…プラスの財産もマイナスの財産も、**いっさいをまとめて相続**すること。相続放棄も限定承認も行わなければ、そのまま単純承認したことになる

限定承認…**プラスの財産の範囲内で、マイナスの財産も相続**すること。相続人全員で協議して決め、家庭裁判所に申し出る

いて、相続人が、亡くなった方の権利義務のいっさいをまとめて承継する制度です。

特別の意思表示をしなくとも、亡くなった方の財産を処分・消費した場合のほか、自分のために相続の開始があったことを知ったときから3カ月の熟慮期間内に相続放棄や限定承認をしなかった場合などには、単純承認をしたものとみなされます。これを、**法定単純承認**といいます。

これらのほかに**限定承認**という方法もあります。これは**相続人が亡くなった方の財産の範囲内でのみ相続債務や遺贈を弁済するとして相続を承認する**という制度です。亡くなった方の財産から相続債務などを弁済し、あまりがあればそれは相続し、相続

債務などが亡くなった方の財産を上回る場合には、その財産以上には弁済する必要はありません。

複数の相続人がいる場合、**限定承認は相続人全員で行わなければいけません**。全員で限定承認すると決めれば、それぞれの相続人の固有財産からは相続債務などを弁済する必要がなくなります。

このように、限定承認は相続したとしてもマイナスにはならないことが保障されるため、プラスの財産とマイナスの財産、どちらが大きいかわからないという場合などには、有効な手段ですが、実務ではあまり行われていません。

相続する資格がない人もいる！相続欠格と廃除のきまり

通常は、遺言書でもない限り民法に規定された法定相続人による相続が行われるのが原則となります。ところが、特別の理由があり、相続する資格がない、すなわち相続人となることができないケースがあります。

ここでは、その代表例である**相続欠格**と**廃除**についてみていきます。

相続欠格事由は限定的なもの

相続欠格とは、相続人となる一般的な資格（たとえば、配偶者や子など）が認められている人でも、一定の事由がある場合には、**相続人としての資格がはく奪される制度**です。この一定の事由を**欠格事由**といい、民法は、相続制度の根幹を破壊する行為について欠格事由として規定し、そのような行為を行った人には制裁を与え、相続する資格を認めていません。

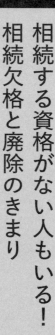

このような趣旨から欠格事由は次ページの図表のように重大な行為に限定されています。欠格事由に該当する場合は、法律上は当然に亡くなった方の財産を相続する資格を失います。ただし、欠格事由の有無について争いがある場合には、まず訴訟などで相続権の有無をめぐって争うことになります。

なお、**相続欠格がある人に子がいる場合、その子は代襲相続人となります。**

亡くなった方が、生前「相続人として認めない」ケースもある

亡くなった方の生前の意思により、**家庭裁判所が推定相続人（相続が開始した場合に相続人となるべき人）の相続権をはく奪する制度**があります。

これを**廃除**といいます。廃除は、遺言により求めることもできます。

民法は、亡くなった方との人的な信頼関係を破壊した一定の推定相続人に対して、亡くなった方の意思にもとづき制裁（相続権のはく奪）を与えることを認めています。相続権のはく奪について亡くなった方の意思にもとづいている点は、法律上当然に相続権がはく奪される相続欠格とは異なります。

廃除の事由としては、民法８９２条に次のように規定されています。

相続欠格となる事由（民法 891 条）

- 故意に被相続人又は相続について先順位若しくは同順位にある者を死亡するに至らせ、又は至らせようとしたために、刑に処せられた者

- 被相続人の殺害されたことを知って、これを告発せず、又は告訴しなかった者（ただし、その者に是非の弁別がないとき、又は殺害者が自己の配偶者若しくは直系血族であったときは、この限りでない）

- 詐欺又は強迫によって、被相続人が相続に関する遺言をし、撤回し、取り消し、又は変更することを妨げた者

- 詐欺又は強迫によって、被相続人に相続に関する遺言をさせ、撤回させ、取り消させ、又は変更させた者

- 相続に関する被相続人の遺言書を偽造し、変造し、破棄し、又は隠匿した者

遺留分を有する推定相続人（相続が開始した場合に相続人となるべき者をいう。以下同じ）が、被相続人に対して虐待をし、若しくはこれに重大な侮辱を加えたとき、又は推定相続人にその他の著しい非行があったときは、被相続人は、その推定相続人の廃除を家庭裁判所に請求することができる。

この条文のうち、**著しい非行**とは、亡くなった方に対する虐待や重大な侮辱などには直接該当しないものの、それらに類するような行為であり、これらについても廃除事由とするために規定された、バスケット条項（包括条項）といえます。そのため、亡くなった方に対する犯罪行為のほか、亡くなった方の財産を著しく浪費するなど推定相続人の遺留分を否定するほどに人的な信頼関係が破壊されるような非行であることが必要となります。

なお、**廃除の対象は遺留分がある推定相続人（すなわち配偶者、子、親）に限定されています**。これは、遺留分がない推定相続人である兄弟姉妹については、遺言でその者に財産を相続させなければよいため、わざわざ廃除制度を利用する必要がないからです。

法定相続人がいないとき、内縁関係など……特別なケースでの相続人は誰？

亡くなった方に配偶者や子など相続人がいない場合、遺産はどのように相続されるのでしょうか。ここでは**相続人不存在**と**特別縁故者**のケースをみていきましょう。

亡くなった方に法定相続人がいない場合の相続手続き

親はすでに他界し、生涯結婚することがなく子どもも兄弟姉妹もいない場合のほか、法定相続人になるはずだった人が先に亡くなっていた場合（ただし、代襲相続人がいる場合を除く）では、法定相続人がいないことになります。この状態を相続人不存在と呼んでいます。

また、法定相続人がいたものの、全員が相続放棄した場合も相続人不存在となります。

相続人不存在の場合の手続きは、概ね次ページの図表のとおりです。

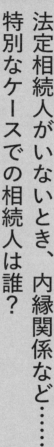

相続人不存在の場合の手続き

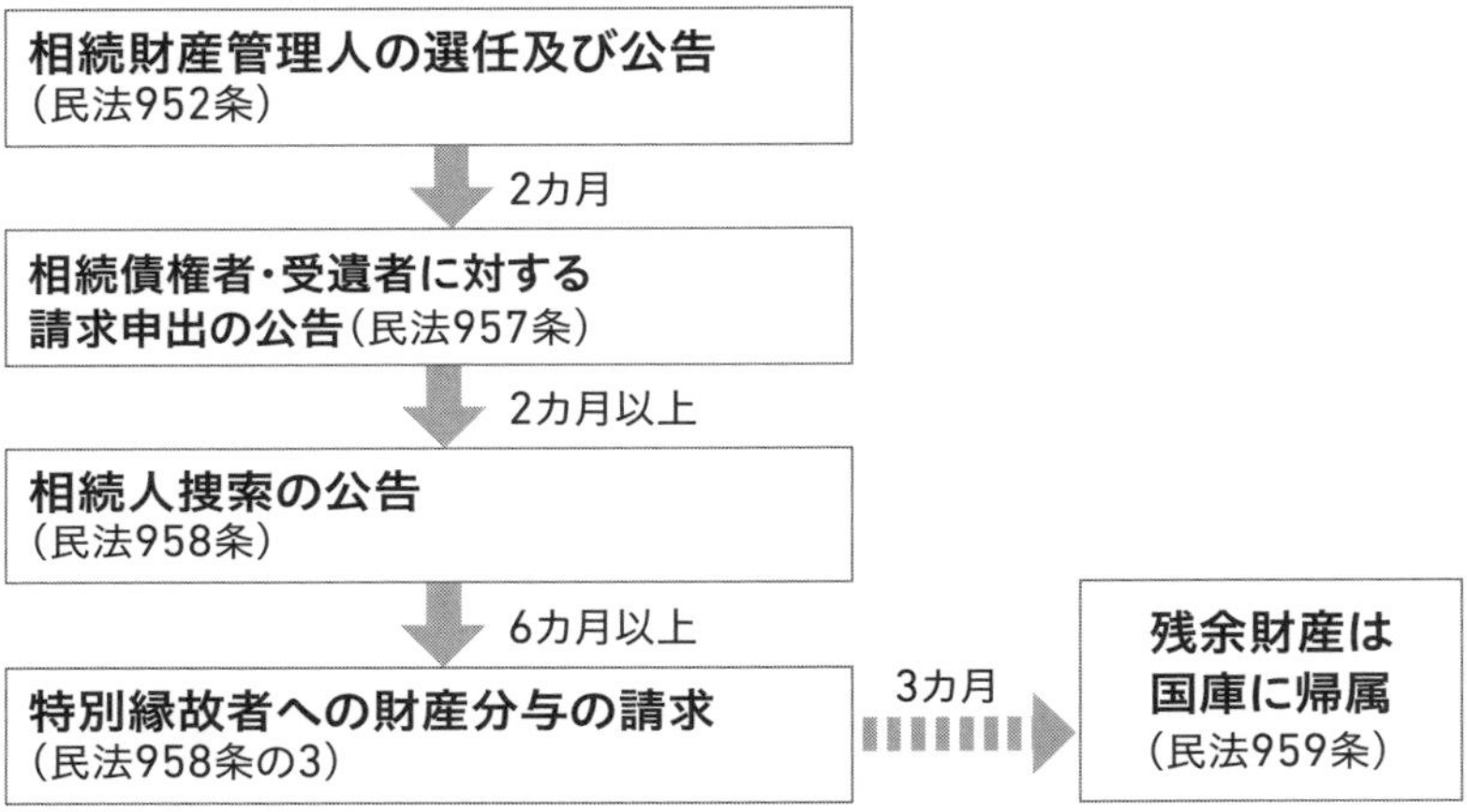

なお、戸籍上は法定相続人がいることが明らかだが行方がわからない場合は、相続人不存在とはなりません。法定相続人の行方がわからない場合は、不在者財産管理人の選任を申し立てるか、失踪宣告の申立てをするなどして、相続の手続きを進めていきます。

特別縁故者の相続権は？

民法には相続に関して特別縁故者の規定があります。特別縁故者とは、相続権がない人のうち、亡くなった方と生計を同じくしていた人、亡くなった方の療養看護に努めた人、そのほか亡くなった方と特別の縁故があった人のことです。たとえば、内縁の夫や妻、事実上の養子、献身的に亡くなった方の看護をしていた人などです。

特別縁故者には、法律上は相続権がありません。そのため、原則として亡くなった方の財産を取得することができません。しかし、相続人がいない場合、家庭裁判所に申立てをして特別縁故者と認められた場合は、亡くなった方の財産の全部または一部を取得することができる場合があります。

なお、特別縁故者と認められるか否かは、亡くなった方との実際の関係性を十分に考慮し、個別の事案ごとに判断されます。裁判所は、特別縁故者については「被相続人との間に具体的且つ現実的な精神的・物質的に密接な交渉のあつた者で、相続財産をその者に分与することが被相続人の意思に合致するであろうとみられる程度に特別の関係にあつた者をいう」（大阪高決昭和46年5月18日）との判断を示しています。

相続人が誰かの調査は、亡くなった方の戸籍からたどる

相続人の範囲は民法９００条に定められています。しかし、亡くなった方から、すぐに相続人が誰かが明確にわかるわけではありません。

たとえば、父親の相続で、相続人は息子の自分だけだと思っていたが、戸籍を取り寄せてみたら実は父と前妻の間に子（腹違いの兄弟姉妹）がいた、認知した子や養子がいた、といったケースはめずらしいわけではありません。

最新の戸籍から出生までをたどっていく

相続人の範囲を確定させることは、遺産分割協議の当事者を確定させるだけでなく、遺留分の有無やその割合、修正事情（後述する特別受益や寄与分）の有無を判断するにあたってもきわめて重要です。相続の問題に直面した場合、まずは相続人が誰であるかを正確に把握

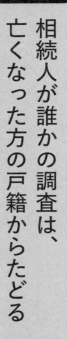

する必要があります。

相続人の範囲を正確に把握するには、亡くなった方の死亡日が記載された**最新の戸籍（戸籍全部事項証明書）を、亡くなった方の最終本籍地の市区町村役場でまず取得します**。その記載内容を確認し、その前の古い戸籍があるようならさらに、亡くなられた方が出生した際の戸籍までさかのぼって取得します。

なお、亡くなった方の戸籍に誰もいない状態だと戸籍は閉鎖されるので、その場合は、亡くなった方の事項が載った除籍謄本（除籍全部事項証明）で調べることになります。そうすると、亡くなった方の相続人の範囲を正確に把握することができます。

もっとも、亡くなった方の一生分の戸籍を取得することは、特に転籍などを繰り返していた場合には大変な労力をともないます。

ただ、**最終本籍地の市区町村役場で「相続手続きに必要なので、出生までさかのぼった戸籍のうち、あるものはすべて取得したい」と伝えれば、その市区町村役場でそろえられる戸籍はすべて取得することができます**。遠方の場合は郵送してもらうことも可能です。弁護士などの専門家であれば、相続の付随業務として、職権で出生までさかのぼった戸籍等を集めることができますので、相続人調査を弁護士等の専門家に頼んでみるのもいいでしょう。

Chapter 3

どこまでが遺産？その範囲と評価

モノとしての財産もあれば、権利という財産も!?
「遺産の範囲」を理解する

相続が発生すると、相続開始時点で亡くなった方が持っていた財産や権利義務は、原則としてすべて相続の対象となり、相続人が相続します。この財産や権利義務を「相続財産」「遺産」といいます。

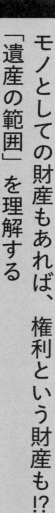

亡くなった方の地位や権利には遺産に含まれないものもある

もっとも、**亡くなった方に一身専属的に帰属する権利義務は遺産に含まれません**。「一身専属的に帰属する」とは、特定の人（＝一身）に属し、他人が取得し、または他人に移転できない（＝専属的な）権利です。たとえば、雇用契約における使用者（雇用する人）・被用者（雇用される人）の地位、委任契約における委任者・受任者の地位、年金受給権や一定の資格などです。会社の従業員が亡くなった場合に、その従業員の相続人が会社の従業員という地位を相続するわけではない、といったイメージをしていただくとわかりやすいでしょう。

遺産分割の対象になる財産とならない財産がある

複数の相続人がいる場合は遺産分割を行います。遺産分割とは、67ページに見るように、亡くなった方の複数の相続人（共同相続人）が共有することになったそれぞれの財産について、その共有関係を解消し、それぞれの相続人が単独所有したり一定の共有関係にしたりする手続きです。そのため、**遺産分割の対象となる財産は「相続の開始時に存在し、かつ分割時にも存在する未分割の遺産」**になります。

このように、たとえ亡くなった方の財産や権利義務であっても、そのすべてが相続の対象となるわけではなく、遺産であっても、そのすべてが遺産分割の対象となるわけではありません。まず、次ページの図表のように捉え、具体的にどのようなものが遺産となり遺産分割の対象となるのかをみていきましょう。

遺産になるもの・ならないもの

遺産になるもの

原則は、亡くなった方のすべての財産

遺産分割の対象になるもの

相続の開始時に存在し、かつ分割時にも存在する未分割の遺産

遺産にならないもの

亡くなった方に一身専属的に帰属する権利義務

- 雇用関係の地位
- 委任契約の地位
- 年金受給権や一定の資格など

遺産分割の対象にならないもの

相続の開始時に存在したが、分割時には存在しないもの

［例］
相続開始時にはあったが、分割前になくなった現金・家・土地などの動産・不動産や預金などの債権

不動産とお金の遺産分割の基本を押さえる

亡くなった方が所有する不動産、すなわち土地や建物、その他の定着物（立木、土地と不可一体をなす塀など）は遺産分割の対象となります。

また、亡くなった方の不動産賃借権（いわゆる借地権や借家権）には財産的価値があり、かつ借地人や借家人としての地位は亡くなった方だけに認められる一身専属権ではないので、遺産分割の対象となります。

ただし、公営住宅を使用する権利については、公営住宅法により入居者ごとに入居条件が審査されるため、最高裁は「入居者が死亡した場合には、その相続人が公営住宅を使用する権利を当然に承継すると解する余地はない」（最判平成2年10月18日）として遺産分割の対象とはしませんでした（最判とは最高裁判決のこと）。

仮払い制度が創設された預貯金

金銭債権その他の分けることができる債権（可分債権）は相続の発生により法律上当然に分割され、それぞれの相続人がそれぞれの相続分に応じて当然に分割取得すると考えられています。そして、亡くなった人の預貯金についての払戻請求権は金融機関に対する金銭債権であり、相続の発生により分けることが可能な債権（可分債権）として当然に分割されるため、遺産分割の対象とはならないと考えられていました。

ところが最高裁は、「共同相続された普通預金債権、通常貯金債権及び定期貯金債権は、いずれも相続開始と同時に当然に相続分に応じて分割されることはなく、遺産分割の対象となるものと解するのが相当である」（最大決平成28年12月19日、最大決とは最高裁大法廷決定のこと）として、預貯金債権については他の可分債権と異なり、遺産分割の対象になるとの判断を示しました。なお、この判例は定期預金には触れていませんが、同様に遺産分割の対象となると考えられます。

すると、預貯金債権は遺産分割するまで、共同相続人全員が共同で行使しなければならないことになります。そうなると、亡くなった方の債務の弁済をしたり、亡くなった方から扶養を受けていた相続人の当面の生活費を支出したりといった、遺産分割前に相続人が預貯金を払い戻す必要がある場合に不都合が生じてしまいます。

このような不都合を解消するために、平成30年7月6日に成立した民法及び家事事件手続法の一部を改正する法律では、**遺産である預貯金債権について遺産分割における公平性を図りつつ相続人の資金需要に対応できるよう、仮払い制度を創設**しました。

上限を設けたうえで、仮払いが受けられる

預貯金債権の仮払い制度とは、金融機関ごとに150万円の上限を設けたうえで、次の計算式により算出される預貯金の払戻しを、それぞれの相続人が単独で、金融機関の窓口で受けられるようにする制度です。

相続開始時の預貯金債権の額×1／3×その払戻しを行う相続人の法定相続分

具体例でみておきましょう。父親の相続で、相続人は長男・長女（法定相続分は各2分の1）の場合です。預金は1つの口座に600万円あるとします。

預貯金債権の仮分割仮処分の要件緩和（家事事件手続法200条3項の内容）

⑴本案係属要件

遺産分割の審判または調停の申立てがあった場合において

⑵必要性の要件（権利行使の必要性）

債務の弁済、相続人の生活費の支出その他の事情により遺産に属する預貯金債権を行使する必要があると認めるとき

⑶相当性の要件（他の共同相続人の利益を害しないこと）

他の共同相続人の利益を害しない限りにおいて

上記⑴～⑶の要件を満たす場合は、家庭裁判所の判断で、遺産に属する特定の預貯金の全部または一部を申立相続人に仮に取得させることができるようになった

この場合、６００万円×１／３×１／２＝１００万円であり、長男・長女がそれぞれ１００万円を単独で払戻しできることになります。

なお、家事事件手続法では、改正前から仮分割の仮処分を利用して、それぞれの相続人が単独で遺産である預貯金を払い戻すことが制度上認められていました。ところが、仮処分の要件が厳格であり、なかなか利用されていないのが実情でした。

そこで、今回の改正により、預貯金債権の仮分割仮処分の要件が上の図表のように緩和されました。

株式・債券・手形・小切手など有価証券の遺産分割の扱い

有価証券の代表的なものに株式があります。株式は遺産として相続人に承継されます。そして、複数の相続人がいる場合に、株式がどのように相続されるかについては、次のとおりです。

すなわち、株式とは、株主たる資格において会社に対して有する地位であり、株主は株主たる地位にもとづいて、

・剰余金の配当を受ける権利（会社法１０５条１項１号）
・残余財産の分配を受ける権利（同項２号）
・株主総会における議決権（同項３号）

などの権利を有します。これらの権利の内容や性質を踏まえると、**共同相続された株式は、相続開始と同時に当然に相続分に応じて分割されることはない**と考えられており、最高

裁も同様の考え方です（最判昭和45年1月22日）。

遺産分割までは、「準共有」の状態に

株式は相続の発生により法定相続分に応じた株数で当然に分割されるのではなく、遺産分割が終わっていない場合は1株ごとに法定相続分に基づく**準共有**となります。**準共有とは数人で所有権以外の財産権を持つことです**。

相続人が妻と子2人の場合、それぞれの相続人の法定相続分は妻が1／2、子はそれぞれ1／4ですが、仮に亡くなった方が1000株所有していた場合、妻が500株、子はそれぞれ250株ずつに当然に分割されるのではなく、後述する遺産分割が終わるまでは、1株ずつについて1／2と各1／4の割合で準共有の状態にあるということです。

なお、他の有価証券、たとえば国債や外国債などの債権、また投資信託についても同様に相続されます。すなわち、複数の相続人がいれば、法定相続分で当然に分割されるものではなく、遺産分割の対象財産となるのです。

かけ方によって遺産の扱いが変わる生命保険金

一般的に、生命保険金は保険契約にもとづいて被保険者の死亡により保険金の受取人に指定された人の固有の権利として発生するため、相続の開始時に亡くなった方に帰属していた財産とはいえず、**原則として相続財産にはあたりません**。ところが、保険金の受取人が具体的に指定されている場合以外は検討が必要です。

「保険契約者と被保険者が被相続人、受取人は相続人」である保険契約は？

受取人が特定の氏名ではなく「相続人」と指定されている場合、最高裁は、受取人として特定の人物（氏名）を指定せずに「相続人」としていた場合でも、「相続人固有の財産」であり、被相続人の遺産とはいえず、遺産分割の対象ではないとの判断を示しています。

なお、複数の相続人が保険金受取人となる場合、各相続人の保険金取得割合については、受

生命保険が遺産か否か

生命保険

・遺産ではない
・遺産分割の対象ではない

ただし、相続税の計算の際には、
「500万円×法定相続人の数」
で算出した額を非課税とする

この額を超える生命保険金は遺産・遺産分割の対象ではないが、相続税法上のみなし相続財産として課税

取人に指定された相続人それぞれの法定相続割合による固有の権利となります。

受取人の指定がない保険契約は？

次に受取人の指定がない場合について、約款に「相続人に支払う」という規定がある場合も保険金は相続人固有の権利となります。そのため、相続財産にはあたらず、遺産分割の対象ではありません。

なお、民法上はこのように遺産分割の対象となりませんが、相続税法ではみなし相続財産となり、「５００万円×法定相続人の数」で算出した非課税額を超える部分は課税対象となります（上の図表参照）。

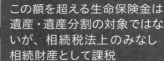

死亡退職金と遺族年金は相続財産とはならない

死亡退職金と遺族年金について、相続財産に該当するのか、また、遺産分割の対象となるのかを見ていきましょう。

死亡退職金は原則として相続財産にならず、遺産分割の対象でもない

死亡退職金とは、会社が社員の死亡によって労働契約などを終了することを理由として支給する退職金のことです。**死亡退職金が遺産かどうかは、支給規程の基準、受給権者の範囲や順位などを検討して個別具体的に判断**します。

ただし最高裁の判例では、死亡退職金は遺族固有の権利として遺産分割の対象とはならないとの判断を示しています。２つの判例を確認しておきましょう。

判例1

右規程によると、死亡退職金の支給を受ける者の第一順位は内縁の配偶者を含む配偶者であつて、…（中略）…右規程は、専ら職員の収入に依拠していた遺族の生活保障を目的とし、民法とは別の立場で受給権者を定めたもので、受給権者たる遺族は、相続人としてではなく、右規程の定めにより直接これを自己固有の権利として取得するものと解するのが相当であり、そうすると、右死亡退職金の受給権は相続財産に属さず、受給権者である遺族が存在しない場合に相続財産として他の相続人による相続の対象となるものではないというべきである（最判昭和55年11月27日）

判例2

県学校職員退職手当支給条例2条、県職員退職手当条例2条、11条は、専ら職員の収入に依拠していた遺族の生活保障を目的とし、民法とは別の立場で受給権者を定めたもので、受給権者たる遺族は、相続人としてではなく、右の規定により直接死亡退職手当を自己固有の権利として取得するものと解するのが相当である（最判昭和58年10月14日）

判例1は規程で定められた死亡退職金は受給権者である配偶者の固有の権利であり、相続財産には属さないとの判断を示し、判例2も死亡退職手当が遺族の固有の権利であるとの判断を示しています。

遺族年金は相続財産ではない

遺族年金は厚生年金保険法、国家公務員等共済組合法等の社会保障関係の特別法によって、死亡者と一定の関係にある親族に対してなされる給付のことです。被保険者であった人の収入に依拠していた遺族の生活保障を目的とするので、**受給権者固有の権利であり、遺産にはあたりません。**

また、相続税法と民法での扱いが異なるので整理しておきましょう。

まず**死亡退職金は、民法上は相続財産とはならないものの相続税法上は課税対象になります。**また、**遺族年金は民法上では相続財産とはならず、相続税法上も原則として課税対象にはなりません。**

ただし、たとえば「在職中に死亡し死亡退職となったため、会社の規約等にもとづいて会社が運営を委託していた機関から退職金として支払われる年金」は死亡した人の退職手当金等として相続税の課税対象となります。

なお、「保険料の負担者、被保険者、年金受取人が同一人の個人年金保険契約で、その年金支払い保証期間内にその人が死亡したため、残りの期間について年金を受け取る場合」も、死亡した人から年金受給権を相続や遺贈により取得したものとみなし、相続税の課税対象となります。

収益不動産などの相続で発生する賃料や地代はどうなるの？

民法には**法定果実**という言葉があります。これは、「物の使用の対価として受け取る金銭その他の物」（民法88条2項）のこと。たとえば、賃貸用マンションの賃料や土地の地代、貸付金の利息などです。

では、亡くなった方が投資用不動産を所有し、その物件を相続した場合、物件から得られる賃料という法定果実は相続に際してどのように取り扱われるのでしょうか。

遺産である収益不動産から発生する賃料収入は相続人固有の債権

相続開始から遺産分割までの間に、亡くなった方が所有していた賃貸不動産から生じた賃料債権について、最高裁は次のとおりの判断を示しています。

判例

遺産は、相続人が数人あるときは、相続開始から遺産分割までの間、共同相続人の共有に属するものであるから、この間に遺産である賃貸不動産を使用管理した結果生ずる金銭債権たる賃料債権は、遺産とは別個の財産というべきであって、各共同相続人がその相続分に応じて分割単独債権として確定的に取得するものと解するのが相当である。遺産分割は、相続開始の時にさかのぼってその効力を生ずるものであるが、各共同相続人がその相続分に応じて分割単独債権として確定的に取得した上記賃料債権の帰属は、後にされた遺産分割の影響を受けないものというべきである（最判平成17年9月8日）。

つまり、**法定果実としての賃料債権は相続財産である収益不動産そのものとは別であり、遺産分割までは、それぞれの相続人の相続割合に応じて分割された、それぞれの相続人固有の債権である**ということです。そして、遺産分割後の賃料債権は、その賃貸不動産を単独所有した相続人の固有の債権です。

墓や仏壇、葬儀費用は相続財産でも遺産分割の対象でもない

系譜、祭具や墳墓等を祭祀財産といいます。系譜とは先祖代々の血縁関係のつながりが記されている文書のことで、家系図がその代表です。祭具とは位牌、仏像、仏壇などのこと。墳墓は墓碑、墓石のことです。これら祭祀財産の所有権は「慣習に従って祖先の祭祀を主宰すべき者」（民法897条1項本文）や「被相続人の指定に従って祖先の祭祀を主宰すべき者」（同項ただし書）が承継するとされています。

そのため、**祭祀財産は相続財産にあたらず、遺産分割の対象ではありません**。なお、**相続を放棄した場合でも祭祀財産を承継することは可能**です。

葬儀費用は個別のケースによる

葬儀費用とは亡くなった方の通夜や告別式、火葬などに要する費用ですが、これらは相続

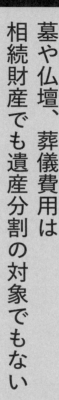

開始後に生じた債務であり、亡くなった方の債務ではありません。相続財産に関する費用でもなく、遺産分割の対象ではありません。もっとも、葬儀費用を相続財産から控除することについて共同相続人全員で合意できる場合は、遺産分割の対象とすることも可能です。

なお、共同相続人間で合意ができない場合は、葬儀費用を誰が負担すべきかについて、さまざまな説や考え方がありますが、確立した判例はありません。そのため、負担者を法的に明確に定めることはむずかしく、通常は、喪主や親族がいったん立て替えて支払うか、相続財産である現金で支払っておくことが多いでしょう。

香典は相続財産でも、遺産分割の対象でもない

香典は、葬儀主宰者が負担した葬儀費用の一部を負担することを目的に第三者から葬儀主宰者に渡す贈与と考えられます。したがって相続財産にあたらず、遺産分割の対象ではありません（相続税法でも原則としては贈与税や所得税の課税対象ではありません）。

もっとも、現実には共同相続人の間の合意により葬儀費用を相続財産から控除する場合には、葬儀費用から香典分を差し引くことが多いようです。

遺産の評価は、いつ、誰が、どのようにやればいい？

遺産の評価とは、遺産に属する各財産の客観的な価値、すなわち「時価」を決めることです。遺産分割は遺産をそれぞれの相続人の相続分に応じて分配する手続きですから、その前提としてさまざまな遺産の時価を評価し、決めておく必要があります。

遺産の「時価」を評価する時点は、基本的には相続人が遺産を取得することが最終的に確定したとき、すなわち「遺産分割時」を基準とします。

相続人間で合意ができればどのような遺産分割方法でもよいことと同様に、遺産の評価方法、評価の基準などに関して相続人間で合意できれば、その合意により決めた額が遺産の評価額となります。

なお、最終的に相続人の間で合意できない場合には、裁判所が調停委員（調停時）や参与員（審判時）の意見聴取を参考にするほか、鑑定によって評価額を決定します。

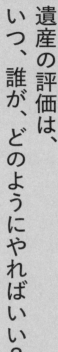

土地の評価方法は、利用の仕方によっても異なる

土地の評価額については、主に次の評価による金額が参考にされます。

(1) 地価公示価格

地価公示価格は**国土交通省の土地鑑定委員会が特定の標準地について毎年1月1日を基準日として公示する価格**です。一般の土地取引の指標や相続税評価額、固定資産税評価額の基準になる価格ですが、対象となる基準地が少なく、相続対象となる土地そのものを評価するには調整が必要です。

(2) 固定資産税評価額

固定資産税評価額は、**土地家屋課税台帳等に登録された基準年度の価格または比準価格**で

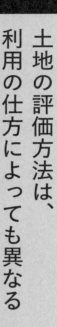

す。地価公示価格の70％をメドに設定され、固定資産税、都市計画税、不動産取得税等の基準とされます。各土地の地形や立地などを考慮して不動産ごとに決められるので、相続対象不動産そのものを評価する参考になります。ただし、3年に一度しか評価替えを行わないので、実際の取引価格との乖離があるケースもあります。

(3) 相続税評価額（路線価）

相続税評価額（路線価）は財産評価基本通達により、**対象土地の地目ごとに路線価（主に市街地）あるいは倍率方式（主に市街地以外）の方法によって国税庁から公表される価格**です。地価公示価格の80％をメドに設定されます。路線価図は毎年評価替えが行われ、地価変動をより詳細に反映しているため、当事者間の納得を得やすい基準として調停や審判でよく参考にされます。

(4) 不動産鑑定評価額

相続対象となる土地と同種・同規模の物件の市場での取引価格と比較して価格を算定する取引事例比較法、対象不動産の造成費用や経過年数による減価等を考慮し現在価格を出す原価法など、さまざまな評価方法を併用して算定します。市場価値を反映した時価評価が期待できますが、取引事例が少ない地域の物件には適しません。

借地や貸家建付地の評価方法

借地権は更地価格に借地権割合を乗じて評価します（次ページの図表参照）。たとえば、更地評価額1000万円・借地権割合60％の土地の借地権評価は1000万円×0・6（60％）＝600万円となります。逆に借地権が設定されている土地の価格（底地権）は更地価格から借地権割合で算定した借地権の評価額を控除した額で評価します。前記のケースでは1000万円×（1－0・6）＝400万円となります。

貸家建付地とは、貸家やアパートの敷地となっている土地のことです。貸家建付地の評価は、更地価格から借家人の権利を差し引いて評価され、財産評価基本通達では**更地価格**－（**更地価格**×**借地権割合**×**借家権割合**×**賃貸割合**）で評価します。借地権割合や借家権割合は地域や場所により異なるので、路線価図や評価倍率表により確認する必要があります。

借地や貸家建付地の評価方法の基本

① 借地権の評価

＝更地価格×借地権割合※

※国税庁から公表される路線価図において地目ごとに表示

例

更地価格 1000万円　　借地権割合 60%

借地権評価

＝1000万円 × 0.6＝600万円

② 借地権が設定されている土地の価格（底地権）の評価

＝更地価格－借地権の評価額

上記と同ケースでの底地権評価

＝1000万円 ×（1−0.6）＝400万円

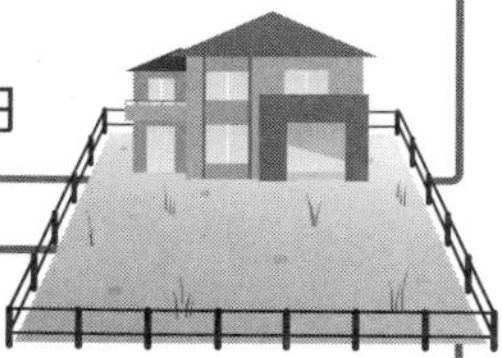

③ 貸家建付地の評価

＝更地価格 －（更地価格×借地権割合 × 借家権割合 ×賃貸割合）

上記と同じケースの貸家建付地の評価

＝1000万円 －（1000万円 × 0.6 × 0.3 × 1.0）
＝820万円

※借家権割合を30%、賃貸割合を100%として計算

建物の評価は固定資産税評価額を基準にする

相続の対象となる建物は、ほとんどが中古です。中古建物は土地と一緒に取引されることが一般的で、市場の取引価格から建物価格を導き出すことはむずかしいケースが多いものです。そのため、建物の評価については、原価法によって評価する場合のほか、建物の固定資産税評価額が参考にされます（次ページの図表参照）。

また、借家権は財産評価基本通達で定められた貸家の評価方法が参考になります。**借家権は「建物の評価額×借家権割合（3割、地域によっては4割）」で評価**します。たとえば、**建物評価額200万円の借家権の評価は200万円×0・3（3割）＝60万円**となります。

逆に**貸家の価格は建物の評価額から借家権割合を差し引いて評価します**。前述のケースでは200万円×（1－0・3）＝140万円となります。

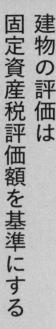

建物の評価

原価法によって評価する場合のほか、
建物の固定資産税評価額※で評価。

※現状は固定資産税評価額×1.0で計算

借家権の評価
＝建物の評価額 × 借家権割合
（3割、地域によっては4割）

建物評価額200万円の借家権の評価
200万円 × 0.3（3割）＝60万円

貸家の評価
＝建物の評価額－（1－借家権割合）

建物評価額200万円の貸家の評価
200万円 ×（1−0.3）=140万円

現金・預貯金と株式などの有価証券の評価

遺産分割の対象である財産は、相続発生時に存在し、かつ遺産分割時に存在する相続財産です。このうち現金や預貯金は相当に古い紙幣で額面以上の評価額がつくような特別な場合でない限り額面どおりであり、その評価額が争いとなることはありません。そのため、現金や預貯金はその額や預貯金残高を対象に遺産分割が行われます。

取引相場の有無で分かれる株式の評価

株式は取引相場があるかないかによって、次のように2つの評価方法に大別されます。

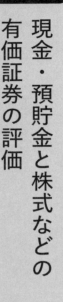

(1) 取引相場のある株式

株式市場で取引されている株式については、原則として遺産分割時の直近の最終価格（終

取引相場のない株式の株価算定方法

① 純資産価額方式	会社の総資産や負債を原則として相続税の評価に洗い替え、その評価した総資産の価額から負債や評価差額に対する法人税額等相当額を差し引いた残りの金額により評価する方法
② 類似業種比準方式	事業の種類が同一または類似する複数の上場会社の株価の平均値に比準する方法
③ 配当還元方式	その株式を所有することによって受け取る１年間の配当金額を、一定の利率で還元して元本である株式の価額を評価する方法

値）によって評価されます。また、値動きが激しい場合などには、直近月の最終価格の月平均価格を参考にすることなどもあります。

⑵ 取引相場のない株式

財産評価基本通達で定められた方法、会社法上の株式買取り請求での株価算定方法を参考にします。具体的には、上の図表に挙げたような評価方法です。

なお、これらの評価額について合意に至らない場合は、公認会計士等による鑑定が必要となります。

書画・骨董品・貴金属など、高額な動産の評価

書画・骨董品・貴金属などの高価な動産については、購入時の価格、画商や古美術商、宝石鑑定士の鑑定などを参考に評価します。

家財道具など交換価値、評価してもその額が客観的にみて低い動産については、いわゆる形見分けとして、相続人間の協議で遺産分割に先行して事実上分けてしまうことも少なくありません。

なお、相続財産である自動車については、複数の中古車ディーラー等の査定額の平均値をとって評価額とすることが考えられます。

また、遺産分割調停となった場合は、オートガイド自動車価格月報（いわゆる「レッドブック」）の金額も参考にされます。

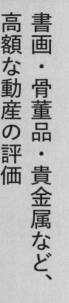

Chapter 4

相続トラブルのタネをつむ特別受益・生前贈与・寄与分の知識

生前贈与が特別受益にあたるかは、遺産の先渡しかどうかで判断する

相続時に、**遺言によって財産を相続人に承継させる遺贈は、特別受益として持戻しの対象**となります。ところが、遺贈ではなく生前贈与はすべてが特別受益にあたるわけではありません。

特別受益にあたるかどうかは、その贈与が遺産の先渡しと認められるかどうかを基準とします。具体的には、贈与された金額や遺産総額との比較、他の共同相続人との均衡などを考慮して判断されます。

4つのケースにみる特別受益の判断

(1) 婚姻や養子縁組のための贈与

亡くなった方が生前、一部の相続人の婚姻などに際して持参金や支度金を支払っていた場

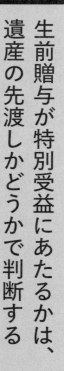

合は、婚姻のための贈与として特別受益にあたります。ですが、少額である場合や挙式費用の負担など、扶養の範囲内と認められるような場合には特別受益にはあたりません。

(2) 学資

大学や留学など高等教育に関する学費（学資）は、親の子に対する扶養義務の履行にもとづく支出ですから、基本的には特別受益にあたりません。もっとも、私立医大の入学金など特別に多額の支出については、扶養義務の範囲を超える特別受益にあたると判断される場合もあります。

学資が特別受益にあたるか否かは、亡くなった方の生前の資力、社会的地位、他の相続人との比較などを考慮して判断されます。

(3) 生計の資本

居住用の不動産やその取得のための資金の贈与、相続人の事業資金の贈与など、相続人の自立のための資本としての贈与は特別受益にあたります。しかし、たとえば病気で働けない相続人に対して親が生活費を援助するような場合には、親の子に対する扶養義務の履行にすぎないため、特別受益にあたらないと思われます。

⑷ 生命保険金

生命保険金の請求権は、保険金受取人固有の権利です。保険金請求権やこの権利を行使して取得した死亡保険金は、民法９０３条１項に規定する遺贈または贈与に係る財産にはあたりません。しかし、最高裁は、次のとおり、相続人の間に著しい不公平が生じる場合は、例外的に生命保険金を特別受益に準じて遺産に持ち戻すべきであるとの判断を示しています。

> 保険金の額、この額の遺産の総額に対する比率、保険金受取人である相続人及び他の共同相続人と被相続人との関係、各相続人の生活実態等の諸般の事情を総合考慮して、保険金受取人である相続人とその他の共同相続人との間に生ずる不公平が民法９０３条の趣旨に照らし到底是認することができないほどに著しいものであると評価すべき特段の事情が存する場合には、同条の類推適用により、特別受益に準じて持ち戻しの対象となる（最大決平成16年10月29日）

寄与分が認められるには厳格な要件をクリアしなければならない

寄与分とは、共同相続人のなかに、亡くなった方の財産の維持や増加に特別の寄与をした人がいるとき、その寄与に相当する額を法定相続分に加え、その人の相続分とすることによって共同相続人間の実質的な公平を図る制度です。

寄与分があると、遺産分割において、それぞれの相続人の具体的な相続分が変動します。そのため、**寄与分が認められるための要件は厳格**です。

寄与分が認められる4つの要件

寄与分は、次ページの図表に挙げた4つの要件をすべて満たしていることが必要です。具体的な寄与行為が寄与分として認められるかどうかはケース・バイ・ケースなので、弁護士などの専門家に相談してみることをお勧めします。

寄与分が認められる4要件

① 相続人みずからの寄与行為であること

② 亡くなった方と相続人の身分関係にもとづいて、
通常期待される程度を超える貢献があったこと

③ 亡くなった方の財産を維持または増加させたこと

④ 寄与行為と亡くなった方の財産の維持または
増加との間に、因果関係が認められること

なお、実際の調停・審判では寄与分が認められる場合は少なく、認められても寄与分の額はわずかであることが少なくありません。

ちなみに東京家庭裁判所では、「寄与分の主張を検討する皆様へ」と題するパンフレットを作成し、調停の際に当事者に配付しています。寄与分が認められる要件や必要な客観的資料などが記載されており、寄与分が認められるためのハードルがいかに高いかを調停開始時に当事者に周知する運用となっています。

相続法改正で創設された「特別の寄与」の制度

寄与分は相続人にしか認められていません。そのため、相続人の配偶者（たとえば長男の嫁）が同居していて亡くなった義父母の介護に長年尽くしていた場合でも、長男の嫁は義父母の相続人ではないことから、義父母の相続の際に長年の貢献が一切考慮されませんでした。

その一方で、介護に何も貢献していない次男や長女は相続人として遺産を相続することになるため、貢献した人とそうでない人との間で実質的な不公平が生じていました。

そこで改正相続法では、**相続人でなくても亡くなった方の療養看護等を行い特別の寄与をした一定の親族に対して、その貢献に応じて相続財産から金銭の分配を受けることを認める制度**を創設しました。これを**特別の寄与**といいます（次ページの図表参照）。

ちなみに特別寄与者となり得る親族は、相続人を除く6親等以内の血族、3親等以内の姻族です。内縁配偶者は「親族」でもないため、特別寄与者となれません。

創設された「特別の寄与」

従来の寄与

- 相続人にのみ認められていた
- 相続人の配偶者などには認められず

特別の寄与

- 一定の親族にも、従来の「寄与」を認める
- 相続人を除く6親等以内の血族、3親等以内の姻族の貢献を考慮

6親等以内の血族、3親等以内の姻族の例

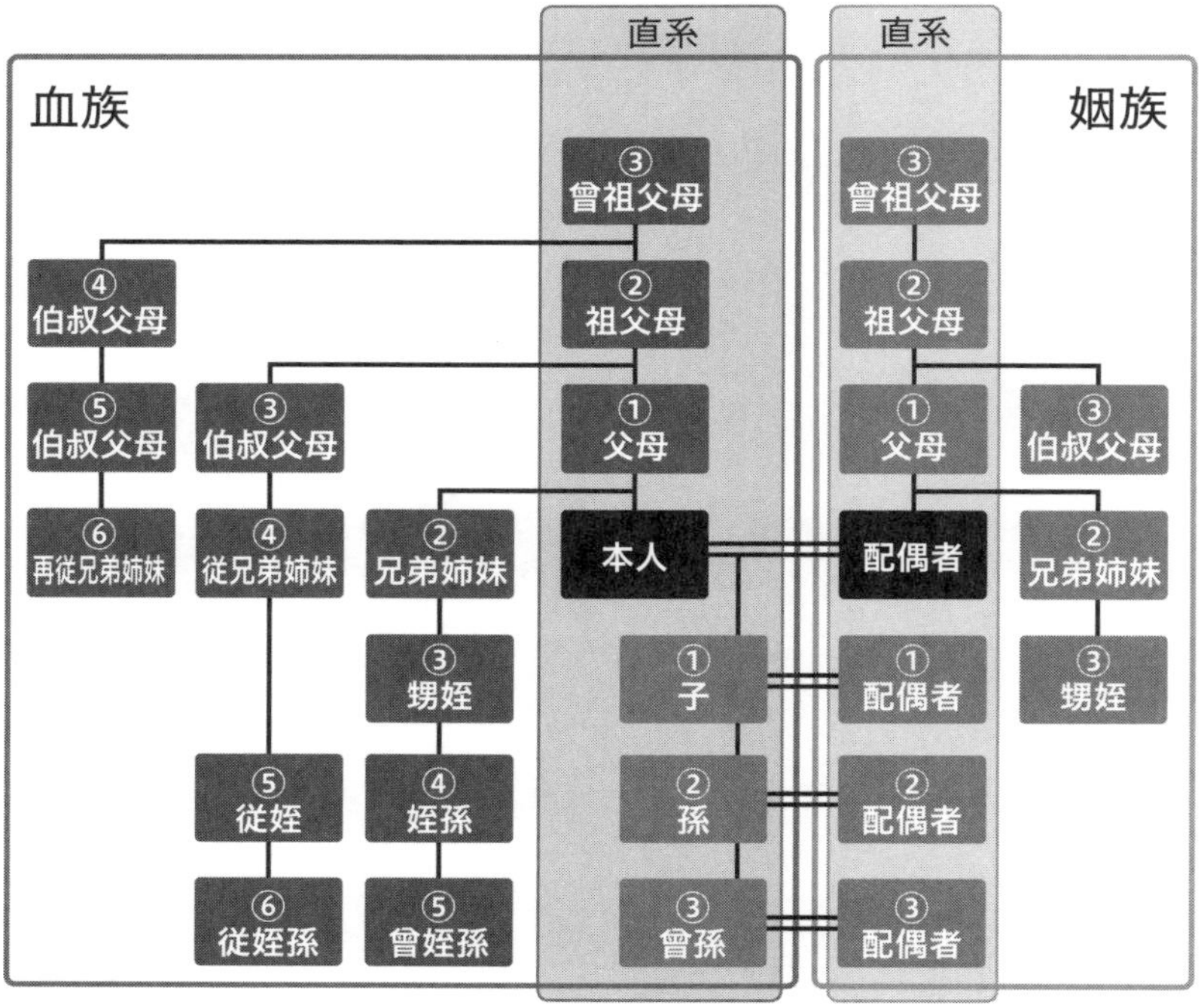

※数字は親等

Chapter 5

もめごとを防ぐため、遺言と遺留分を正しく理解しておく

自筆証書遺言の書き方と有効・無効の判断

遺言は、個人（遺言者）が死後に主に自己の財産（遺産、相続財産）を誰にどのように取得させるかについて意思を表示する行為です。

法的に有効と認められるには音声や動画ではなく、遺言書と呼ばれる書面で意思表示してあることが求められますが、この遺言書には主に3つの種類があります。まず、自筆証書遺言（次ページの図表参照）について見ていきましょう。

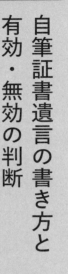

意外と自由が利きにくい自筆証書遺言

自筆証書遺言は、遺言者が単独で（他者の関与なく）作成できる遺言です。ただし、遺言も法律行為である以上、遺言者に**遺言能力**（自己が行う遺言の意味を理解する能力）が必要です。認知症などの理由により遺言能力がない場合には、形式が整っていても無効です。た

自筆証書遺言「方式緩和」の例

本文（自書）

遺言書

1 私は、私の所有する別紙目録第1記載の不動産を、長男甲野一郎（昭和○年○月○日生）に相続させる。
2 私は、私の所有する別紙目録第2記載の預貯金を、次男甲野次郎（昭和○年○月○日生）に相続させる。
3 私は、上記1及び2の財産以外の預貯金、有価証券その他一切の財産を、妻甲野花子（昭和○年○月○日生）に相続させる。
4 私は、この遺言の遺言執行者として、次の者を指定する。
住 所　○○県○○市○○町○丁目○番地○
職 業　弁護士
氏 名　丙山　太郎
生年月日　昭和○年○月○日

令和3年2月1日

住所　東京都千代田区霞が関1丁目1番1号
甲野太郎 印

別紙目録（自書以外の方法でもよい）

物件等目録

第1 不動産
1 土　地
所　在　○○市○○区○○町○丁目
番　地　○番○
地　積　○○平方メートル
2 建物
所　在　○○市○○区○○町○丁目
家屋番号　○番○
種　類　居宅
構　造　木造瓦葺2階建
床面積　1階　○○平方メートル
2階　○○平方メートル

・・・・

第2 預貯金
1 ○○銀行　○○支店　普通預金
口座番号　○○○
2 通常貯金
記　号　○○○
番　号　○○○

甲野太郎 印

だし、その立証が困難である場合が多いことも事実です。

遺言の有効・無効については15ページ、21ページのトラブル事例でも解説しましたが、**有効に遺言を作成するには、遺言者が「全文」「日付」「氏名」を自書し、押印する必要があります。**加除、訂正する場合にも、その場所を指示し、変更した旨を付記して署名し、かつ、その変更の場所に押印する必要があります。

このような形式的要件が厳格に定められている理由は、遺言者の真意を明らかにし、第三者による偽造や改変が行われていないことを確保するためです。特に自筆証書遺言については、その作成時に公証人のような中立の第三者が関与しておらず、かつ、効力が発生した段階では遺言者は亡くなっており、その真意を確認する方法がないからです。

訂正・撤回にも決まりがある

遺言はいつでも撤回でき、遺言書を破棄し、過去の遺言に抵触する新たな遺言をした場合などには、撤回があったものとみなされます。

変更については、たとえば**遺言中に二重線が引かれていても、前述した変更の要件を欠く場合には削除の効力が生じません。**

二重線が引かれた、もとの文言にしたがった遺言になります。

これに対して、全文に赤の斜線を引いた場合、判例（最判平成27年11月20日）は破棄にあたるとし、もとの文言が読める場合にも撤回の効力が発生するとの判断を示しています。

なお、指印（手の指先に朱肉をつけて、印鑑の代わりに押すもの）は押印に該当します（最判平成元年2月16日）。また、遺言自体の押印は遺言書を入れた封筒の封じ目に押印されたものでも、押印の要件を満たします（最判平成6年6月24日）。

公証人が作成する公正証書遺言と秘密証書遺言の留意点

公正証書遺言は全国にある公証役場の公証人に作成してもらう遺言書です。個人が作成する私文書と異なり、証明力がある公正証書を用いて公文書として作成する遺言で、次ページの図表のような手順で作成します。

誰が立会人に？ 本人の意思確認の方法は？ 公正証書遺言の留意点

公正証書遺言を作成する際には、次のような留意点があります。

まず、遺言者が署名できない場合、遺言者が口を利けない場合、耳が聞こえない場合について、公証人がその理由を付記して、署名に代えたり通訳人の通訳を利用するなど、それぞれ特則があります（民法969条4号ただし書、969条の2）。

また、**未成年、推定相続人、受遺者と、これらの配偶者や直系血族などは、作成時に立ち**

会う証人になることはできません。

なお、公証人は法務大臣の任命する公務員で、中立の第三者であり、公正証書を作成するにあたり、公正証書遺言をつくりたいと考える本人の意思確認を行っていることが前提で

公正証書遺言の手順

①証人が２人立ち合う

↓

②遺言者が遺言の趣旨を公証人に口授する

↓

③公証人が遺言者の口述を筆記し、遺言者と証人に読み聞かせ、または閲覧させる

↓

④遺言者と証人が筆記の正確なことを承認し、各自、署名・押印する

↓

⑤公証人が、①～④の手続きに則って作成したものであることを付記し、署名・押印する

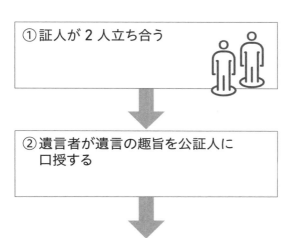

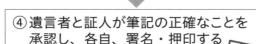

す。そのため、公証人のもとで作成された公正証書遺言の効力が否定されることは例外といえます。

もっとも、絶対に有効であるとはいいきれず、次の判例のようにまれに公正証書遺言が無効であるとされる場合があります。

> 訴外※Dが本件公正証書による遺言をするについて、立会証人である訴外Eは、すでに遺言内容の筆記が終つた段階から立会つたものであり、その後公証人が右筆記内容を読み聞かせたのに対し、右遺言者はただうなづくのみであつて、口授があつたとはいえず、右立会証人は右遺言者の真意を十分に確認することができなかつたというのであるから、本件公正証書による遺言を民法九六九条所定の方式に反し無効であるとした原審の判断は、正当（最判昭和52年6月14日）
>
> ※訴外（訴訟の当事者以外の人のこと）

これは、公正証書遺言をつくりたいと考える本人の意思確認が十分とはいえず、公正証書遺言が無効となったケースです。

秘密証書遺言の要件

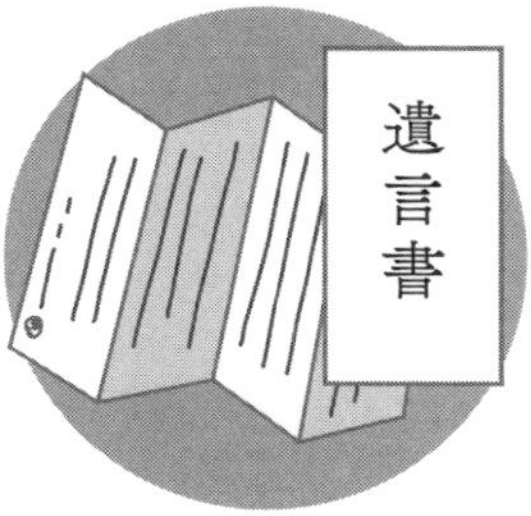

①遺言者がその証書に署名し、印を押すこと

②遺言者がその証書を封じ、証書に用いた印章を使って封印すること

③遺言者が公証人１人と証人２人以上の前に封書を提出し、自己の遺言書であることと、その筆者の氏名と住所を申述すること

④公証人がその証書を提出した日付及び遺言者の申述を封紙に記載したあと、遺言者と証人が署名し、印を押すこと

秘密証書遺言はレアケース

遺言書には秘密証書遺言という作成方式もあります。これは遺言者が遺言内容を秘匿して遺言したい場合に用いることができます。公正証書遺言は公証人や証人が内容を知ることができますし、自筆証書遺言は遺言者単独で作成することで内容を秘匿することも可能ですが、遺言の存在を秘匿すると、相続開始時に遺言書が発見されないリスクがあります。

秘密証書遺言の要件は、上の図表に挙げた事項です。ただし、秘密証書遺言が作成されるケースは少なく、実際に目にすることはほとんどありません。

押さえておきたい 遺言の確認方法と検認

自筆証書遺言と秘密証書遺言は、遺言者や遺言者の委託を受けた人が保管していることが通例です。秘密証書遺言は遺言を行ったこと自体は家族などもわかっているでしょうから、「ある」ことを前提に探すことができます。ところが、自筆証書遺言はそれ自体が「あるかないかわからない」状態で探すことになり、発見できない場合があります。

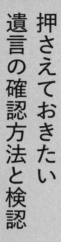

公正証書遺言は遺言検索システムで探せる

また、遺言者が弁護士などに遺言書を預けている場合もありますが、遺言後に弁護士などと疎遠になると、弁護士が遺言者の死亡を把握できない場合もあります。そこで、保管を委託した弁護士との間では、定期的な連絡などのルールを定めておくとよいでしょう。

なお、公正証書遺言は公証役場が保管しています。特に昭和64年1月1日以後に作成されたものについては、氏名、生年月日、作成日等の情報がデータベース化されているため、**最寄りの公証役場で「遺言検索システム」を用いて遺言の有無を検索し、その内容を確認することができます**（秘密証書遺言も「遺言検索システム」により作成したこと自体は確認できますが、遺言書そのものは相続人自身で探し出す必要があります）。

検認手続きを行わないと、遺言の効力はなくなる？

公正証書遺言以外の遺言書を発見した場合、相続開始後、家庭裁判所で検認の請求をする必要があります。封印されている場合には、検認手続き前に開封することはできません。

検認とは、遺言の存在や内容、また、その存在状況を確認し、固定しておくことで、検認手続き以降の偽造を防止し、これにより可能な限り将来の紛争を予防するための手続きです。ただし、検認手続きを行わなかったことによって、遺言の効力が失われるわけではありません。この点は勘違いの多い部分ですので留意しておくとよいでしょう。

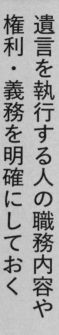

遺言を執行する人の職務内容や権利・義務を明確にしておく

遺言執行とは遺言の内容を実現することです。これを行う人を遺言執行者といいます。遺言執行者は遺言者が遺言で指定するか、遺言で指定がない場合には利害関係人の請求により家庭裁判所が選任できます。実際には、遺言により指定するケースがほとんどであり、家庭裁判所で遺言執行者を選任するケースは非常に少ないでしょう。

遺言執行者はどんな仕事を行うのか

遺言執行者しかできない事項としては、遺言による認知、遺言による相続人の廃除、一般財団法人設立のための定款作成などがあります。

また、遺言執行者は遺言の内容を実現するために、相続財産の管理をはじめ相続で必要ないっさいのことを行う権利と義務があります。そのため、遺言執行者が就任したあとは、相

遺言執行者の報酬（旧弁護士報酬基準の場合）

経済的な利益の額（執行対象財産の額）	
300万円以下の場合	30万円
300万円を超え3000万円以下の場合	2%+24万円
3000万円を超え3億円以下の場合	1%+54万円
3億円を超える場合	0.5%+204万円

※「(旧) 日本弁護士連合会、弁護士報酬基準」をもとに作成

続人は相続財産の処分をはじめ遺言の執行をさまたげる行為はできません。

遺言執行者は、まず相続財産の目録を作成し、相続人に交付します。

遺言がある場合には、多くのケースで「相続させる」遺言が行われます。相続させる遺言というのは、特定の財産について特定の相続人に相続させると遺言するものです。そのため、相続させる遺言の性質は、遺産分割方法の指定と解されています（最判平成3年4月19日）。

また、遺言執行者の報酬は、遺言で定めるか、遺言に定めがない場合には家庭裁判所が定めることにより、報酬を受け取ることができます。

なお、弁護士が遺言執行者になる場合は、旧弁護士報酬基準にしたがって前ページに挙げた図表の金額を前提にすることが多いでしょう。

遺言執行者を解任したいときは?

遺言執行者に、その任務を怠ったときなど正当な事由があるときは、その遺言執行者の解任を家庭裁判所に請求できます。

解任事由としては、遺言執行者に任務懈怠（相続人から求めがあったにもかかわらず財産目録を作成・交付しない、事務処理の報告をしないなど）があった場合が典型例です。そのほか裁判例では、特定の共同相続人のみに偏った行動をするなど、遺言執行者としての公平性と信頼性に疑問を懐かせる場合も、解任すべき正当な事由があるとされています。

相続法の改正で遺言作成のハードルが下がった!

なお、2018年7月の民法改正により、2019年1月13日より、自筆証書遺言に添付する財産目録について、全文を自書する必要がなくなりました。財産目録まで自書することは遺言者の負担が大きく、遺言作成におけるハードルとなっていたことを解消するための改正といえます。

これにより、自筆証書遺言は作成しやすくなりました。ただし、その場合でも191ページの図や192ページの内容に見るように財産目録の各ページに署名・押印する必要がありますので、実際に作成を検討する際には、専門家に相談することをお勧めします。

また、自筆証書遺言について法務局で保管する制度も創設されました（法務局における遺言書の保管等に関する法律）。この制度の利用により、自筆証書遺言を紛失したり破棄されたりするおそれがなくなりました。相続人は法務局に遺言の存否を確認できるようになり、検認を受ける必要もありません。2020年7月10日より利用できるようになっています。

遺留分を主張できるのは誰？どのように主張する？

51ページに見るように、遺留分とは、遺言によっても侵害されない、相続人として最小限度必ず相続財産を取得できる権利です。その権利を持つ人を遺留分権利者といい、兄弟姉妹以外の相続人が該当します（次ページ図表参照）。

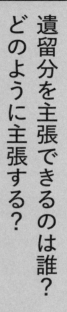

誰に対して遺留分侵害額請求を行うか

遺留分を侵害された相続人（遺留分権利者）は、遺留分を侵害した相続人、受遺者、受贈者に対する意思表示（遺留分侵害額請求）により、その権利を行使します。すぐに裁判を起こす必要はなく、裁判外の意思表示によることができます。

なお、**遺留分侵害額請求権については1年の期間制限がある**ので、証拠を残せる方法である内容証明郵便で意思表示をしておくことが、のちの紛争予防の観点から望ましいといえる

相続人に応じた遺留分の相続割合

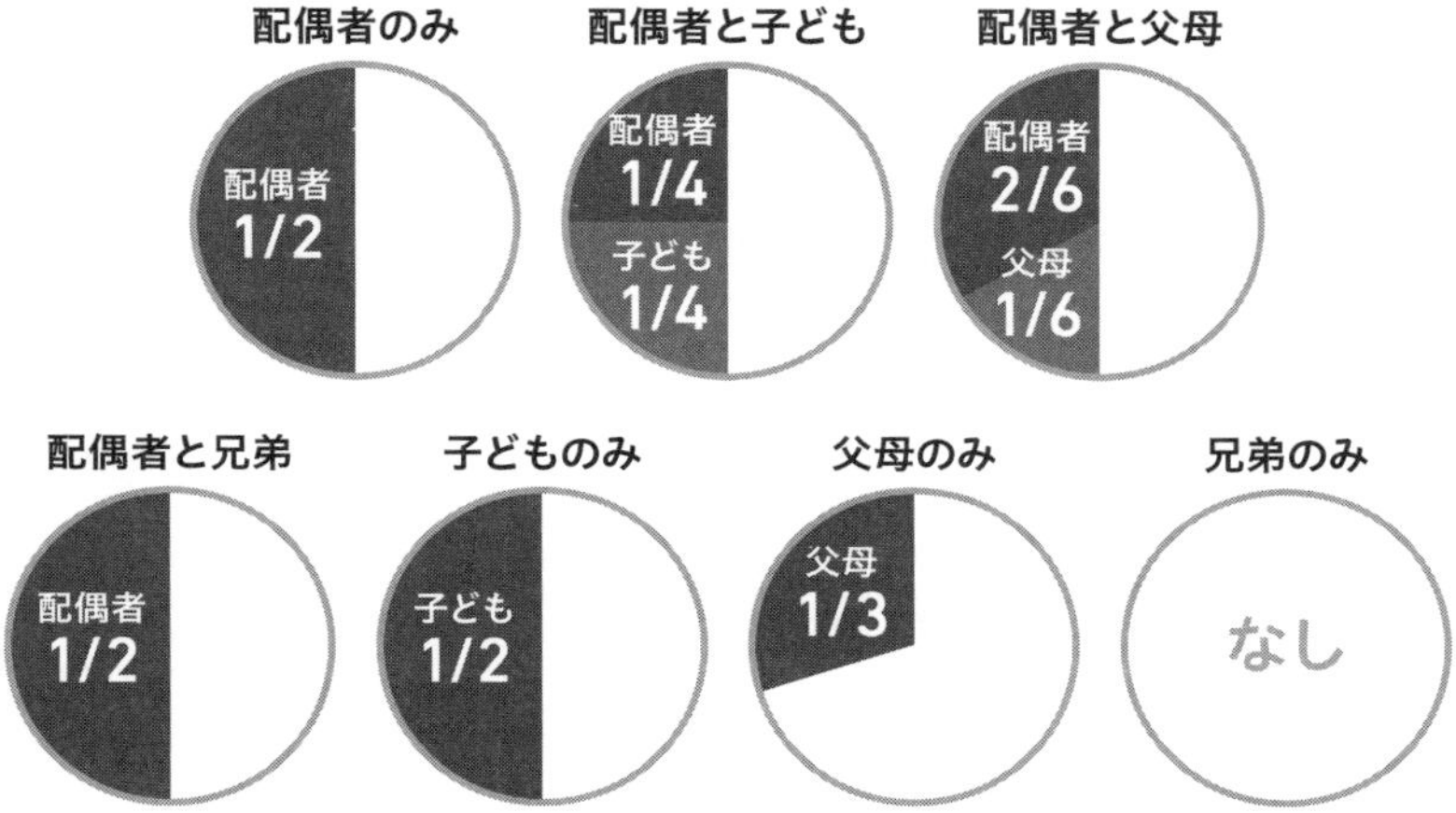

でしょう。

　また、**遺留分侵害額請求の相手は遺留分を侵害した相続人、受遺者（相続人兼受遺者の場合もある）、受贈者**です。

　これは典型的な例ですが、特定の一人の相続人に「全部の相続財産を相続させる」という遺言がなされた場合には、その相続人に対して、遺留分侵害額請求の意思表示を行います。

　また、亡くなった方が生前、特定の第三者に非常に多額の財産を贈与して、相続財産がわずかしか残っていないような場合には、その第三者に対して遺留分侵害額請求の意思表示を行います。

遺留分の額と遺留分侵害額の算定方法

遺留分の額は、次ページの図表のように相続開始時における亡くなった方のプラスの財産（積極財産）の額に、相続人に対する生前贈与（原則10年間に行われ、特別受益に該当する贈与に限ります）と第三者に対する生前贈与（原則1年間に行われたものに限ります）を加え、亡くなった方の債務（消極財産）を控除し、これに遺留分割合を乗じて算出します。

たとえば、亡くなった方は父、相続人は子のAとB、遺言でBがすべての遺産を取得、亡くなった方の積極財産が２０００万円、債務が２００万円、相続人Bが5年前に生前贈与１０００万円を受けていたという場合、Aの遺留分額は、７００万円となります。

遺留分侵害額の算定方法は？

遺留分を算定するための財産の価額には、「贈与した財産の価額」を加えて計算します。

遺留分額と遺留分侵害額の計算

遺留分額

＝（積極財産 ＋ 生前贈与 − 債務）×遺留分割合

Aの遺留分額は？

積極財産　生前贈与　債務

（2000万円 ＋1000万円 − 200万円）×1/2×1/2

＝700万円

相続人に対する贈与については、相続開始前10年間に贈与したもののうち、特別受益に該当し得るもの（婚姻もしくは養子縁組のため、または生計の資本として受けた贈与）に限り、遺留分を算定するための財産の価額に算入します。

これに対し、第三者に対する贈与については、相続開始前1年内に行われた贈与に限り、遺留分を算定するための財産の価額に算入します。

なお、いずれの場合も、被相続人と受贈者の双方が遺留分権利者に損害を加えることを知って贈与をした場合は、10年や1年などの期間の制限なく遺留分を算定するための財産の価額に算入して計算することになります。

遺留分侵害額は、次ページの図表のように、遺留分額から遺留分権利者の受けた特別受益の額

| 遺留分侵害額の計算 |

遺留分侵害額

＝ 遺留分額 － 遺留分権利者の特別受益の額 － 遺留分権利者の具体的相続分 ＋ 遺留分権利者が負担する相続債務

Aの遺留分侵害額

2500万円（遺留分額）（（1億円（積極財産）＋1000万円（生前贈与）－1000万円（相続債務））×1/2×1/2）

－ 2000万円（遺贈1000万円と生前贈与1000万円）

＋ 500万円（相続債務1000万円×Aの法定相続分1/2）

＝1000万円

（なお、遺留分算定の際の10年間の期間制限はありません）と遺留分権利者の取得した具体的相続分（寄与分による修正は考慮しません）を控除し、遺留分権利者が負担する相続債務を加えて算出します。

たとえば、父が亡くなり、相続人は子のAとB、亡くなった父の積極財産が1億円、消極財産が1000万円、遺言によりAが現金1000万円、Bが土地9000万円の遺贈をそれぞれ受け、さらに、相続人Aが5年前に生前贈与1000万円を受けていた場合、Aの遺留分侵害額は、上の図表のとおりとなります。

遺留分を負担する順序を理解しておこう

遺留分侵害額を負担する遺贈や贈与にも順序があります。どのような順序で負担していくのか、その理由も含めて概略を理解しておきましょう。

まず、**遺贈と贈与がある場合、遺贈（相続させる遺言にもとづく取得や相続分の指定による取得を含みます）の目的の価額を限度として、受遺者が先に負担**します。遺留分の負担については遺贈が先、その次に贈与となります。

ただし、受遺者が相続人の場合、遺贈の価額から自分の遺留分額を控除した価額を限度とします。

受遺者が複数ある場合、遺言で特別な指定がない限り、受遺者が各遺贈の目的の価額の割合に応じて遺留分侵害額を負担します。

複数の贈与がある場合は新しいものから

贈与が複数ある場合は、新しい贈与から順次過去にさかのぼって遺留分侵害額を負担します。贈与が同時に行われた場合、遺言で特別な指定がない限り、受贈者が各贈与の目的の価額の割合に応じて遺留分侵害額を負担します。

贈与について新しいものから過去にさかのぼるのは、過去の贈与ほど有効に贈与されたとの期待が強く、また、相続時の財産に及ぼす影響は小さいためです。

たとえば、遺留分侵害額が50の場合に、相続開始時の遺贈が20、1年前の贈与が30、5年前の贈与が20とすると、5年前の贈与は、本来、亡くなった方が自由に行えたもの（遺留分相当額の財産は残っていた）ですので、この贈与にも遺留分侵害額を負担させるとなると、かえって亡くなった方の財産の処分権を制約しすぎるものと考えられます。

遺留分はお金で解決できるようになった

改正前の遺留分減殺請求の効果は物権的効果と呼ばれ、全部包括遺贈や特定遺贈、相続させる遺言、贈与については減殺請求の意思表示により侵害の限度で遺留分権利者に所有権等の権利が当然に移転するとされていました。

また、相続分の指定や割合的包括遺贈の場合には、遺留分侵害の限度で指定相続分や遺贈の割合がただちに修正されると解されてきました。たとえば、遺産に不動産が含まれる場合、遺留分減殺請求により、遺留分割合に応じた不動産の共有持分権が遺留分権利者に移転する、という効果がただちに発生していたわけです。

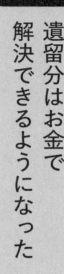

遺留分の権利（遺留分権）は金銭債権化された

これに対し、これまで受遺者は、遺留分権利者に対して侵害額に相当する金額を弁償することで、遺産の返還を免れることができるとされていました（改正前民法1041条1項）。これを**価額弁償**といいますが、価額弁償により、物権的効果でいったん共有となった共有持分権が再び受遺者に移転し、遺言にもとづいた遺産の承継ができ、その場合、遺留分権利者は、受遺者に対して弁償金の支払請求権を取得することになっていました。

もっとも、相続法の改正により、**遺留分侵害を回復するための権利は金銭債権化され、遺留分権はお金を請求できるだけの権利となりました**。これにより、最初から遺留分侵害額に相当する金銭を請求するだけで、価額弁償により共有持分権を取り戻すという複雑な権利関係は発生せず、遺留分制度はわかりやすい制度になったといえます。

遺留分権の金銭債権化にともない、価額弁償の規定は削除されています。

遺留分の放棄と遺留分侵害額請求権の消滅時効

遺留分の放棄は、相続開始前であれば、家庭裁判所の許可を得る必要があります。遺留分権利者が、将来、場合によっては相当遠い未来における相続によって現実化する権利を、思慮が不十分なまま軽々に放棄する危険を防止するためです。

もっとも、相続開始後は、すでに現実化した私人の権利ですので、自由に放棄することができます。

なお、127ページに見るように、遺留分侵害額請求権は、相続開始及び遺留分を侵害する贈与または遺贈があったことを知ったときから1年以内に行使する必要があり、この期間を経過すると時効消滅します。相続開始の時から10年が経過したときにも、遺留分権は行使できなくなります。そのため、侵害額請求の意思表示は、この期間制限を守ったことを証明するために内容証明郵便によることが望ましいといえます。

Chapter 6

相続トラブルを法的に解決する手段

遺産分割協議がまとまらなかったときの調停・審判の流れ

亡くなった方の遺産について、相続人間で遺産分割についての話し合いで決着がつかない場合は、相続人のうちの1人もしくは何人かが、他の相続人を相手方として、家庭裁判所に対して遺産分割調停を申し立てることができます。

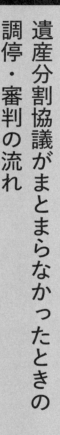

通常の審判期間は1年程度

調停手続きは、まず調停委員ないし調停委員会が当事者双方から事情を聴き、また、それぞれの主張の根拠となる資料などを提出させ、それぞれの当事者がどのような遺産分割を希望しているのかの意向を聴取します。そのうえで分割案を提示し、または解決のために必要な助言をするなどして、調停成立に向けた話し合いを進めていきます。

統計的には、約半年~1年程度の審理期間で解決することがいちばん多いという結果に

調停手続きの順序（東京家庭裁判所の場合）

① 相続人の範囲の確定

↓

② 遺産の範囲の確定

↓

③ 遺産の評価の確定

↓

④ 修正事情（特別受益・寄与分等）の調整

↓

⑤ 遺産分割方法の決定

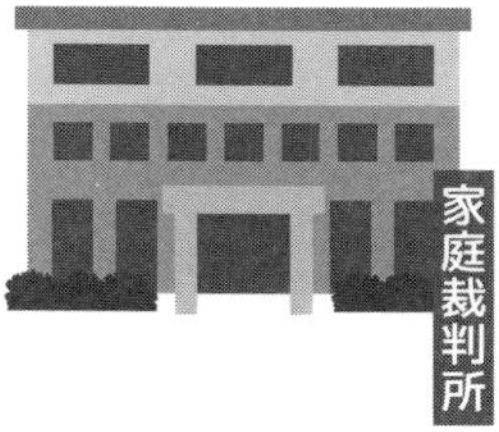

なっています。しかし、なかには不動産や自社株式の評価等で折り合いがつかず、審理期間が2~3年程度になることもあります。

ちなみに、東京家庭裁判所では、原則、上の図表の順番にしたがい調停手続きを進めていき、この順番で話し合いを進めることが比較的厳格に守られています。

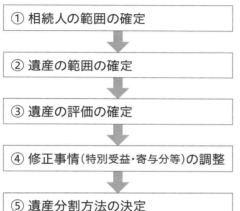

たとえば、調停している事案で主要な争点が寄与分と思われる場合であっても、調停では①~③と順番に話し合いを進め、③までの点につき当事者間で合意をしたうえで、ようやく④の話に進みます。

また最近は、次回期日だけではなく次々回期日まで、原則として向こう2期日の日時をあらかじめ指定する運用がとられています。

調停が不成立になったら、自動的に審判手続きが開始される

話し合いがまとまらず**調停が不成立になった場合には、自動的に審判手続きが始まります。**審判手続きでは、裁判官が遺産に属する物や権利の種類、性質その他いっさいの事情を考慮して、家庭裁判所（裁判官）の判断により遺産分割方法を決めます。これが「審判」です。

なお、家庭裁判所が行った遺産分割審判に対して不服がある場合は、即時抗告することができます。即時抗告を行うことができる期間は、審判の告知を受けた日から2週間以内です。

遺産に関する紛争と遺留分侵害額請求の解決方法

遺産の有無や範囲、相続権の有無、遺言の有効性など、相続人間で遺産相続の前提に争いがあり、当事者間で話し合いがまとまらない場合、相続人の一人は、争う他の相続人に対して、家庭裁判所に調停を申し立てることができます。

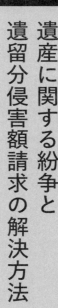

調停中に遺産分割の話し合いを成立させることもある

典型例としては、相続人の一人の名義になっている不動産が亡くなった方の遺産であったかどうかについて、相続人間で争いがある場合です。

この場合、遺産であると主張する相続人は、名義人となっている他の相続人に対して、調停を申し立てたうえで、遺産分割の前提問題として、その不動産が遺産であるか否かを話し合いにより確定させることになります。実際は、遺産相続の前提問題を解決するための手続きである遺産に関する紛争調整調停を利用し、話し合いにより機が熟した場合には、その調停過程で遺産分割全体の話し合いを成立させることもあります。

遺留分侵害額請求の調停・訴訟について

前述のように、遺留分侵害額請求とは、遺留分を侵害された人が贈与や遺贈を受けた人に対し、遺留分が侵害された限度で金銭の支払いを請求することです。

遺留分侵害額請求について当事者間で話し合いがつかない場合や話し合いができない場合に、遺留分権利者は家庭裁判所の調停手続きを利用できます。調停手続きでは、調停委員の関与のもとに引き続き話し合いによる解決をめざします。ですが、話し合いがまとまらなかった場合には、遺留分権利者は地方裁判所の訴訟手続きを利用し、最終的には裁判所に遺留分侵害額について判断してもらうことになります。

なお、遺留分侵害額請求は侵害者に対して意思表示をすればよいのですが、家庭裁判所の調停を申し立てただけでは意思表示をしたことにはなりません。別途、内容証明郵便などにより意思表示を行っておく必要があります。

遺言の無効を主張したい場合は遺言無効確認請求の訴えを起こす

遺言があり、その効力について争いになることがあります。その場合は**遺言無効確認請求訴訟**を起こし、遺言の有効・無効について裁判所の判断を得て確定させる方法があります。

よく主張される無効の原因としては、たとえば、亡くなった方が遺言の作成当時に遺言能力を欠いていた、遺言が法律に定める様式を欠いていた、亡くなった方が遺言に際し重要な事実を勘違いしていたため錯誤により無効である、などがあります。

なお、**遺言無効の確認を求める場合、原則として家庭裁判所の家事調停手続きを経なければいけません**。ですが、当事者間の見解の対立が顕著で、調停で解決する見込みがまったくないような場合には、調停を経ずに訴訟を提起したケースでも、そのまま訴訟手続きで審理される場合もあります。

養子の縁組が無効だと主張するときは、縁組無効確認請求訴訟を！

相続において、養子は実子と同様に相続人となり、遺留分があります。しかし、故人が亡くなる直前、たとえば施設への入居中や病院への入院中に養子縁組し、そもそも亡くなった方が自分の意思で養子縁組をしたのか疑わしいケースもあります。

そのような場合、他の相続人は、養子縁組により相続人が増えて自分の相続分が減ってしまうことから、相続の前提問題として養子縁組の有効性を争うことがあります。その場合は、**縁組無効確認請求訴訟**を起こすことになります。

養子縁組が無効である原因としては、「当事者に縁組をする意思がないとき」、すなわち縁組意思がない場合と規定されています。ところが、縁組意思とは真に親子関係と認められるような身分関係の設定を望む意思であるとされ、その判断にあたっては養子縁組に至った経緯や必要性などさまざまな事情が考慮され、実質的に判断されます。

なお、相続税の節税目的で養子縁組が行われた場合についても、判例（最判平成29年1月31日）では縁組意思を肯定しています。

Chapter 7

相続税の申告と相続登記
これだけ押さえておけば
大丈夫

課税価格の総額が基礎控除額を超えたら申告

相続税は、前述のように相続財産（相続開始前3年内の贈与、相続時精算課税にかかる贈与、生命保険金等のみなし相続財産を含む）の課税価格の総額（債務を控除する）が基礎控除（3000万円＋600万円×相続人の数）を超える場合に申告する必要があります（次ページ図表参照）。

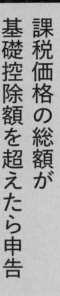

また、配偶者控除は、126ページで述べたように配偶者について1億6000万円までの控除を認めています。配偶者が取得する財産が1億6000万円以下の場合は相続税が課税されませんが、**配偶者控除の適用を受けるには申告が必要**（申告要件）です。つまり、配偶者控除の適用を受ければ税額がゼロとなる場合でも、配偶者控除を受けるためには相続税の申告自体は行う必要があります。

相続税申告が必要な場合は、亡くなったことを知った日の翌日から10カ月以内に相続税を

相続税の基本

① 財産がいくらなら申告しないといけないか？

相続財産の課税価格の総額 ＞ 基礎控除

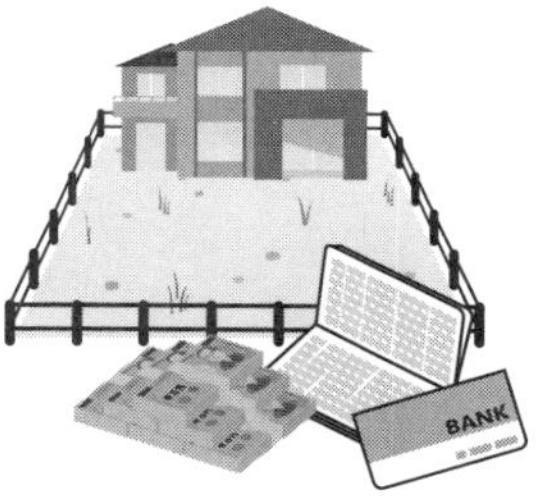

3000万円
＋600万円×相続人の数

・相続開始前３年内の贈与を含む
・相続時精算課税にかかる贈与を含む
・生命保険金等のみなし相続財産を含む
・債務を控除する

② 配偶者控除とは？

課税対象の相続財産 ≦ 1億6000万円 or 決定相続分

配偶者控除を受けるには、申告が必要

相続税額と控除額の速算表

法定相続分（基礎控除後）	税率	控除額（／1人）
1000万円以下	10%	0万円
1000万円超　3000万円以下	15%	50万円
3000万円超　5000万円以下	20%	200万円
5000万円超　1億円以下	30%	700万円
1億円超　2億円以下	40%	1700万円
2億円超　3億円以下	45%	2700万円
3億円超　6億円以下	50%	4200万円
6億円超	55%	7200万円

※この速算表で計算した税額を合計したものが相続税の税額になる

申告し、現金で納付しなければいけません。

相続税と贈与税はいくらくらいに？

ここで、相続税と贈与税がいくらくらいになるのかをみておきましょう。相続税については、基礎控除（3000万円＋600万円×法定相続人数）後の各相続人の法定相続分に応じた税率と控除額（1人につき）を示した速算表を挙げておきます（上の図表）。相続税額の計算法は複雑ですが、たとえば基礎控除後の法定相続分が2000万円の相続人は、2000万円×0・15－50万円で250万円となります。この速算表で算出した税額を合計すると、相続税の総額となります。

贈与税額の速算表

<table>
<tr><th rowspan="2">課税価格（基礎控除後）</th><th colspan="2">一般贈与</th><th colspan="2">特例贈与</th></tr>
<tr><th>税率</th><th>控除額</th><th>税率</th><th>控除額</th></tr>
<tr><td>200万円以下</td><td>10%</td><td>—</td><td>10%</td><td>—</td></tr>
<tr><td>200万円超　300万円以下</td><td>15%</td><td>10万円</td><td rowspan="2">15%</td><td rowspan="2">10万円</td></tr>
<tr><td>300万円超　400万円以下</td><td>20%</td><td>25万円</td></tr>
<tr><td>400万円超　600万円以下</td><td>30%</td><td>65万円</td><td>20%</td><td>30万円</td></tr>
<tr><td>600万円超　1000万円以下</td><td>40%</td><td>125万円</td><td>30%</td><td>90万円</td></tr>
<tr><td>1000万円超　1500万円以下</td><td>45%</td><td>175万円</td><td>40%</td><td>190万円</td></tr>
<tr><td>1500万円超　3000万円以下</td><td>50%</td><td>250万円</td><td>45%</td><td>265万円</td></tr>
<tr><td>3000万円超　4500万円以下</td><td rowspan="2">55%</td><td rowspan="2">400万円</td><td>50%</td><td>415万円</td></tr>
<tr><td>4500万円超</td><td>55%</td><td>640万円</td></tr>
</table>

また、贈与税については、上の図表に基礎控除（年１１０万円）後の贈与額（課税価格）に応じた一般贈与と特例贈与の税率と控除額を示しました。たとえば４００万円を贈与した場合、４００万円－１１０万円（基礎控除額）で課税価格は２９０万円。一般贈与とすると税率が15％で控除額が10万円。税額は２９０万円×０・１５－10万円で33万５０００円になります。ちなみに特例贈与とは直系尊属から贈与を受けた年の１月１日時点で20歳以上の子や孫などへ贈与することで、特例贈与に該当しない贈与を一般贈与といいます。

相続税と贈与税、特に相続税に関しては税の仕組みが複雑でもあり、正確な額の算出にあたっては税理士などの専門家に相談してみることをお勧めします。

相続時精算課税制度は損得も考えて対応

相続時精算課税制度は、贈与者の直系卑属（子、代襲相続がある場合には孫）である推定相続人が税務署長に届け出ることにより、相続時精算課税の適用を受けると、その年中において、この贈与者からの贈与により取得した財産に係る贈与税について、合計2500万円まで控除を受けることができる制度です。

なお、2500万円を超える部分については20％の税率で贈与税が課税されます。ただし、この贈与者の相続開始時には、相続時精算課税の適用を受けた財産を相続により取得したものとして、相続税が課税されます。相続時精算課税制度は一度申請すると撤回できないので、その判断は慎重に行うべきです。単に、収めるべき贈与税を相続時まで繰り延べする制度という考え方もでき、後述する小規模宅地等の特例との併用ができないなどデメリットもあります。収益物件や値上がりが期待できる財産の贈与に有効であることを知識として理解したうえで、税理士とよく相談して対応を検討しましょう。

不動産を相続する場合は小規模宅地の特例を検討

一般に「小規模宅地の特例」とは、個人が相続や遺贈により取得した財産のうち、その相続開始の直前において亡くなった方（または亡くなった方と生計を一にする亡くなった方の親族）の事業や居住に使っていた宅地（または宅地の上にある権利）について、一定の要件のもと、限度面積までの部分については相続税の課税価格に算入すべき価額の計算上、一定の割合を減額できる制度です（次ページの図表参照）。ただし、相続開始前3年以内の贈与や相続時精算課税に係る贈与によって取得した宅地等については適用がありません。

この制度の適用がある場合には、居住用か事業用かなど、満たす要件によって土地の評価額が80％または50％に減額されます。そのため、地価の高い地域では税額が大きく低減します。該当するかどうか、いくらくらい評価が下がるかについて、税理士に相談してみるとよいでしょう。

小規模宅地の特例の基本

① 亡くなった方が住んでいた土地

特定居住用宅地等

限度面積：330㎡
減額割合：80%

② 事業をしていた土地

特定事業用宅地等・特定同族会社事業用宅地等

限度面積：400㎡
減額割合：80%

③ 貸していた土地

貸付事業用宅地等

限度面積：200㎡
減額割合：50%

夫婦間の労をねぎらう 贈与税の配偶者控除

贈与税の配偶者控除とは、**婚姻期間が通算して20年以上である夫婦間において、適用される税法上の優遇措置です。**

一方から他方の配偶者に対して、日本国内にある居住用不動産やお金を贈与した場合に、翌年3月15日までにその居住用不動産に住み続ける見込みである場合（お金の場合は、贈与したお金で居住用不動産を取得し、そこに住み続ける見込みである場合）には、贈与税については2000万円までは控除できるようになっています（次ページ図表参照）。

「1夫婦1回のみ」の制度

贈与税の配偶者控除は、過去に贈与によってその配偶者から取得した財産について贈与税の配偶者控除を受けている場合には適用がありません。また、基礎控除と合わせると

｜贈与税の配偶者控除｜

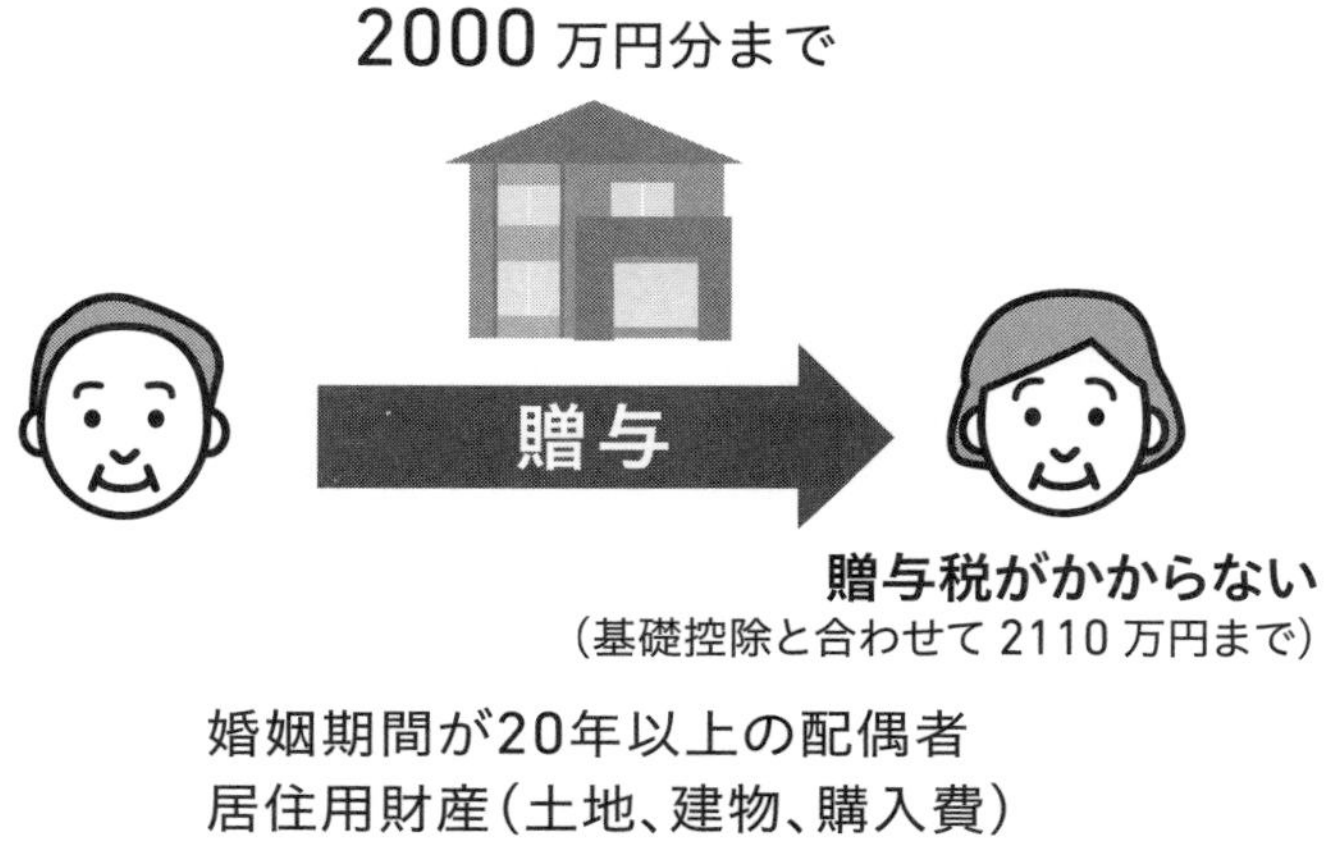

2110万円まで控除できることになります。

夫婦間で納得できれば、財産を早い段階で一方の配偶者に渡すことができます。

ただし、贈与税の軽減にはなっても小規模宅地の特例や相続税の配偶者の税額軽減により、相続税の節税効果が期待できるわけではありません。

そのため、十分に話し合ってから対応を検討すべきでしょう。

法定相続分にもとづく相続登記は１人だけでも可能だが……

法定相続分に基づく相続登記の登記原因は「相続」となり、**法定相続人のうちの１人が、単独で相続登記を申請することが可能**です。

もっとも、単独で相続登記を申請した場合、申請した人に対してのみ登記識別情報が法務局（登記所）から発行されます。そのため、相続登記後すぐに相続人全員で売却することを予定している場合などは、法定相続人全員で相続登記を行っておいたほうが、その後の登記手続きがスムーズに進むでしょう。

なお、法定相続人全員で売却して所有権移転登記を行うまでの状態は、暫定的な法律関係である「遺産共有」の状態となります。その共有状態を解消するには、87ページのように共有物分割という方法ではなく、遺産分割の方法による必要があります。

| 相続登記を速やかに行うメリット |

持ち主が明確になる	所有者不明の不動産とはならず、その不動産の持ち主を明確にすることができる
相続トラブルの防止になる	速やかに相続登記を行えば、勝手に他の相続人に登記されてしまったり、借金の返済が滞っている相続人の債権者が不動産の相続持分を差し押さえたりといったトラブルを未然に防げる
のちの手続きがスムーズになる	その不動産の売買の際や不動産を担保に融資を受ける際の手続きなどもスムーズに行える

司法書士にそのまま依頼する

相続人間での遺産分割協議にもとづいて相続登記を行う場合は、法定相続人の全員が署名捺印した遺産分割協議書と印鑑証明書を添付して、相続人全員から相続登記を申請します。実際は、遺産分割協議書の作成に関与した司法書士にそのまま登記申請を委任して行ってもらうとよいでしょう。

その登記の原因は、基本的には「相続」です。ところが、すでに法定相続分にもとづく相続登記を行っている場合は、「遺産分割」が登記原因となります。この登記の原因によって申請する書類に細かな違いなどもあり、登記識別情報上の表記も変わってきますので、注意が必要です。

なお、遺産分割協議が成立した場合、遺産共有という暫定的な法律関係から脱することになります。そのため、遺産分割の内容が「一部の相続人の間で共有する」というものであったとしても、その後の相続人の間での共有関係を解消する場合には、共有物分割の方法になります。

代位による相続登記では登記識別情報が発行されない

その他の場合の相続登記の留意点も、あわせてみておきましょう。

まず覚えておきたいのは、第三者が法定相続分による相続登記を代わって（代位という）行う場合です。たとえば、ある相続人に対する債権者が、その相続人の法定相続分を差し押さえるために、代位による法定相続登記と差押えの登記を連続して行う場合が典型例です。

この**代位による相続登記の場合、代位債権者は所有権の登記名義人とはならないため、登記識別情報が発行されません。**

また、調停調書、審判書、和解調書にもとづいて相続登記を行う場合の登記原因は、法定相続分による相続登記が終わっていないのであれば「相続」です。すでに登記済みであれば

「遺産分割」となります。

調停などでは、原則として相続人の範囲を確定するために必要な戸籍等をすべて提出し、相続人の範囲について裁判所の審査を経ています。そのため、登記に際しては、管轄の法務局に対して、調停調書のほかに戸籍などを提出する必要はありません。

法定相続情報証明制度で相続登記が促進する？

相続登記に関しては**法定相続情報証明制度**を活用できます。これは、相続人が誰で、どのような間柄かという相続関係について、法務局が書面をもって証明する制度です。相続登記をしないまま所有者不明になった土地のほか空き家問題など、昨今、大きな問題になっている相続登記未了の不動産について相続登記を促進するために創設されました。

法定相続情報証明制度では、最初に**法定相続情報一覧図**を作成し、戸籍などとともに法務局に申し出なければいけないという手間はあります。ですが、その後の各種の相続手続きについては、戸籍の束を提出する代わりに法定相続情報一覧図を提出すれば足ります。名義変更、口座解約のためなどで複数の役所や銀行などに相続手続きが必要なケースでは、法定相続情報一覧図を提出すれば足りるので、非常に便利な制度です。

Chapter 8

預金・保険・年金・不動産などの遺産に関する注意点

[redacted]

預金や証券の口座解約と名義変更の留意点

亡くなった方の遺産に預貯金がある場合、銀行や信用金庫、郵便局などの金融機関に対して、預貯金口座の解約や払戻しの手続きを行うのが一般的です。その具体的なやり方は金融機関ごとに異なります。そこで各金融機関に連絡し、それぞれ必要な書面を取得したうえで、相続人全員の署名捺印を得るとともに戸籍や印鑑証明書等の必要書類を準備しましょう。

なお、前述のように最高裁判所の判例（最大決平成28年12月19日）ではそれまでの判例を変更し、預貯金についても遺産分割の対象となると判断しました。そのため、遺産分割が終わっていない間は、自分の法定相続分に応じた金額であっても、相続人が単独で払い戻しを請求することはできなくなりました。

もっとも、相続法の改正により、**一定の条件のもとで一定金額まで、家庭裁判所の判断を経ずに行う預貯金債権行使の規定が創設されました**（改正民法９０９条の２）。また、**預貯**

金債権に限り、遺産の仮分割の仮処分の要件が緩和されました（改正家事事件手続法200条3項）。

証券口座の解約や名義変更は証券会社ごとに対応する

亡くなった方の遺産に上場株式や投資信託などの金融商品がある場合、証券会社に対して口座解約・払戻しの手続きを行うか、相続人名義で新規口座を開設し、その口座に名義変更の手続きを行う必要があります。

いずれも、証券会社ごとに書式や手続きが異なりますので、まず証券会社に連絡し、必要書類や手続きを確認することから始めましょう。

なお、被相続人が金の現物取引や純金積立をしていた場合、販売会社に対して解約や清算の手続きを行うか、名義変更の手続きをとる必要があります。いずれも、販売会社ごとに書式や手続きが異なりますので、まず販売会社に連絡し、必要書類や手続きを確認することから始めましょう。

生命保険や遺族年金の受給手続きと対応法

亡くなった方が生命保険に加入していたか否かや、どんな生命保険に加入していたかは、不明な場合が往々にしてあります。そこで、どのように調べていけばよいかを見ていきましょう。

弁護士会照会で個別に対応していく

生命保険の加入状況の確認は、弁護士会照会により調べることが可能です。

２０１７年５月以前は、生命保険協会に加入している保険会社から一度に回答を得ることができました。ところが、現在はそのような取扱いが終了したため、加入状況を一度に知ることはできません。

そのため、たとえば銀行口座の履歴から保険会社への保険料の支払いなどを確認できた場合のほか、亡くなった方宛てに保険会社から郵送物などが届いた場合に、その保険会社に対して弁護士会照会を行い、契約内容を照会・調査をするという地道な作業になります。

なお、生命保険契約に基づく死亡給付金は、原則として遺産にはあたりません。しかし、前述のように相続税を計算する際には課税対象財産となりますので、混同しないように注意が必要です。

遺族年金については、最寄りの年金事務所に問い合わせる

遺族年金とは、亡くなった方が被保険者であった場合に、残された配偶者や子など一定の身分関係のある人に対して、その生活保障を目的として支給される日本の公的年金のことをいいます。

受給資格や受給条件は細かく法に定められていますので、まず年金請求の可否や必要な手続き、書類などについて、最寄りの年金事務所に問い合わせます。そのうえで受給申請などについて対応するのがよいでしょう。

不動産の相続は共有に注意！

遺産として共有となった相続不動産についても、法的には民法上の物権共有と同様に考えることになります。そのため、相続不動産の保存行為については相続人が単独で行うことができ、管理行為については過半数の持分となる相続人の間で行うことができます。**変更行為については相続人全員の同意により行うことが必要**です。

なお、相続不動産を賃貸する場合の契約締結や解除についても、原則として管理行為にあたります。そのため、原則として、**遺産が収益物件で遺産分割協議が成立するまでの間に新たな入居者を募集する際は、持分（法定相続分）過半数の同意が必要**です。

もっとも、短期賃貸借の期間を超えて賃貸借契約を締結する場合や借地借家法の適用がある賃貸借契約を締結する場合は、原則として変更行為にあたると考えられ、共有者全員の同意が必要です。

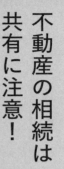

共有不動産から生じている賃料収入は持分割合に応じて分配

相続不動産の共有者は、共有物の全部を持分に応じて使用できます。しかし、共有者間での合意がないのに共有不動産を賃貸し、発生している賃料を1人の共有者のみが独占している場合、他の共有者は自分の持分に応じた使用が妨げられていることになります。

そこで、賃料収入を独占している共有者に対しては、不当利得ないし不法行為の損害賠償として、自分の持分割合に応じた賃料収入にもとづく利益の分配を請求できます。

共有不動産の解消は、まず話し合いで

遺産分割協議の結果、不動産が共有となったあとに共有関係を解消するには、87ページのように共有物分割の方法によります。

まず話し合いによる解決をめざし、解決できなかった場合には裁判所に共有物分割請求訴訟を提起します。

相続不動産の時効による取得もあり得る

共有不動産については、共有者のうち1名が単独で使用をしている場合でも、それは共有権にもとづく単独使用にすぎません。他の共有者の共有持分については、当然には自主占有（所有の意思をもってする占有）していることにはなりません。もっとも、その単独使用のままの状態が代々承継されているケースも実際にはあります。

誰も何もいってこない場合は時効取得に!?

典型的なのは、ある不動産について、共同相続人のうちの1名が、亡くなった方から単独で相続したものと信じて疑わず、相続開始とともに不動産を占有し、その管理や使用を独自に行って不動産から得た収益を独占し、固定資産税などの税金なども負担してきたというケースです。このような事情に対して、他の相続人が関心を持たず、何も異議を述べなかったという場合には、相続を契機に単独で占有を始めた相続人は相続時から自主占有を取得したものとして、共有持分権を時効取得できる場合があります。

また、ある不動産について、真実は亡くなった方の所有でなかった場合でも、亡くなった方の所有であると信じて疑わなかった特別の事情があり、そこで自主占有し続けた場合に時効取得が認められたケースもあります。

不動産の時効取得が認められるか否かは個別の事情によって異なります。まずは現在までの占有状況を踏まえ弁護士に相談してみることをお勧めします。

空き家特例の活用も要検討

亡くなった方の居住用家屋や敷地を相続や遺贈により取得し、それを2016年4月1日から2023年12月31日までの間に売却した場合、一定の要件のもとで、譲渡所得の金額から最高3000万円まで控除することができます。これを、「被相続人の居住用財産（空き家）に係る譲渡所得の特別控除の特例」といいます（租税特別措置法35条）。

次ページの図表のような仕組みで、一般に空き家特例といわれているものですが、この譲渡の特例を受けるには、

「空き家特例」とは

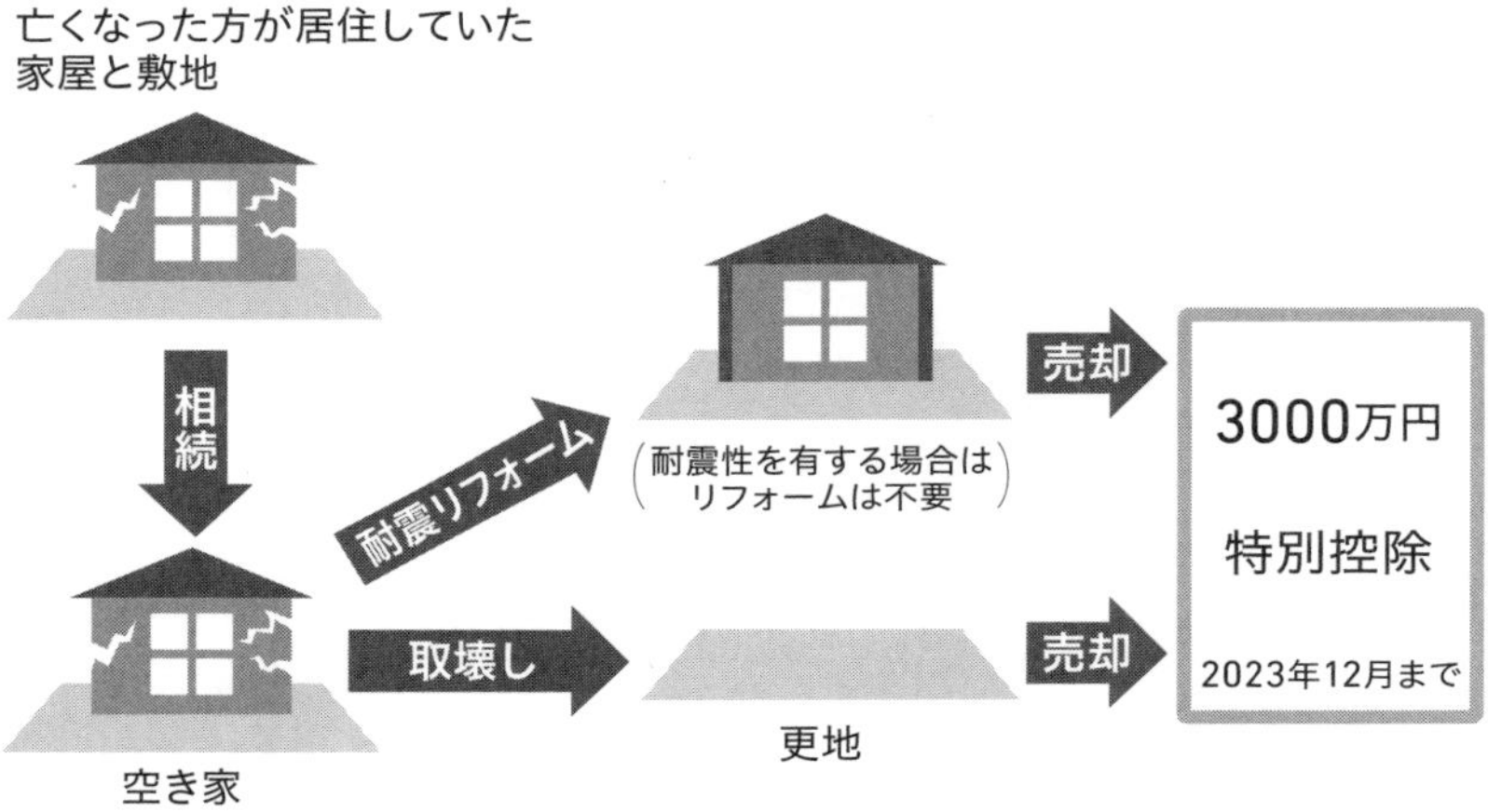

①家屋及び土地の両方を相続していること
②売却の対価が1億円以下であること

などの要件を満たしている必要があります。詳細については相続に詳しい税理士・不動産会社に相談されることをお勧めします。

Chapter 9

オーナー社長の相続と事業承継でもめないポイント

親族内承継とはどのような承継方法か

亡くなった方が個人事業主として事業を行ってきた場合、または非上場の会社（たいていは同族会社）の株主（主要株主）として事業を行っている場合は、相続開始により相続人がその事業を引き継ぐケースが多いものです。

このようなケースでは、相続人が相続財産である事業用資産を承継することによって事業を引き継ぐことになります。また、亡くなった方が非上場の会社の株主であれば、相続人が株式を承継することにより、事業を引き継ぐことになります。

このように小さな会社の事業承継では、相続人が株式や事業に使っていた資産を引き継ぐケースが多いものです。このことを一般には**親族内承継**と呼んでいます。

小規模宅地の特例適用の可否、事業承継税制の活用も要検討

亡くなった方の個人事業を相続する場合には、その事業に利用していた土地に関して、**小規模宅地（特定事業用宅地、貸付事業用宅地）の特例適用を検討する**ことになります。亡くなった方が非上場会社の株主であり、亡くなった方の所有する土地で同族会社が事業を行っている場合には、その土地について小規模宅地（特定同族会社事業用宅地、貸付事業用宅地）の特例適用を検討するほか、**事業承継税制の適用も要検討事項**です。

事業承継税制とは、非上場会社の株主である経営者から後継者に、その非上場会社の株式を贈与や相続により取得させる場合に贈与税または相続税の納税を猶予し、さらに、その次世代の後継者に株式が贈与や相続された場合には、猶予された税額を免除する制度です。たとえば、創業者の相続の伴う事業承継において2代目では相続税が猶予され、3代目の事業承継では先代の相続税が免除されることになります。

ただし、適用を受けるには要件が非常に複雑であり、詳細は事業承継税制に詳しい税理士に確認したほうがよいでしょう。

いずれにせよ、亡くなった方の事業用財産を承継する場合には、相続税の課税対象となり

ます。そうしたこともあり、相続の開始前に、事業用財産について贈与や売買することにより、相続人になる予定の人（推定相続人）または第三者にあらかじめ承継させておくこともあります。

相続開始前の贈与や売買については、贈与税または譲渡所得税の課税対象となります。事業承継税制の適用を受けた場合には、原則、贈与税の納付は猶予され、将来の相続税の納付も猶予されますが、贈与税については相続税への切り替えが生じます。切り替えについては税務上の手続きをせずに当然に適用されるものではなく、相続時に手続きが必要になります。

事業承継税制についての詳細は他書に譲りますが、このように事業を相続人（または推定相続人）が承継する親族内承継であっても、特に税務において検討すべき事項が複数あるということは理解しておきましょう。

MBO・EBO、M&A 小さな会社でも検討できる承継スキーム

小さな会社でも検討し得る事業承継方法には、一般的な親族内承継のほかにもMBO・EBO、M&Aなどの手法があります。これらは一般には大手企業で活用されているように思われがちですが、最近では非上場の会社でも活用ケースが増えています。

勝手知ったる役員・社員が承継するMBOとEBO

MBOとは、Management Buy Outの略称であり、会社の役員（社長等）が株式を取得して会社の支配権を持つことです。上場会社で行われる場合もありますが、非上場会社の場合には親族外の役員などの経営陣が、同族株主から株式を買い取る場合が該当します。

EBOとは、Employee Buy Outの略称で、従業員がその会社の株式を取得して支配権を持つことです。MBOとの違いは、株式の取得者が役員であるか従業員であるかによる違い

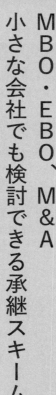

|「親族外承継」の種類|

①MBO … 信頼できる親族外の役員に株式を買ってもらい後継者となってもらう

②EBO … 信頼できる従業員に株式を買ってもらい、後継者となってもらう

③M&A … 親族内や会社内(役員・従業員)に適任の後継者がいない場合、ふさわしい会社に自社の株式を買ってもらう

です。いずれも、役員や従業員が敵対的に株式を買い進めて支配権を握るものではなく、亡くなった方が、生前、後継者と目される信頼できる役員や従業員と十分に話し合って行うケースが多いと思われます。

小さな会社でもM&Aは一般的に

M&Aとは、Mergers & Acquisitionsの略称で、会社の合併及び買収を総称し、株式の多数や全株式を取得して子会社とするほか、合併、事業譲渡、会社分割などの方法があります。

かつてはM&Aというと会社を乗っ取る(乗っ取られる)ようなイメージもありましたが、いまは会社そのものや会社の一事

業を第三者が取得することを広く意味して使われ、また大企業でなく小さな会社の承継にも一般的に使われている事業承継の手法の一つです。

事業承継の面では、後継者が親族内や会社内（役員・従業員）にいない場合に親しい会社経営者にM&Aを打診するケースが想定できますし、M&A仲介会社を利用する場合もあります。

このような〝親族外承継〟をまとめると前ページの図表のようになります。

なお、M&Aでは社名・組織がこれまでのままのケースもあれば、売却して変更するケースもあります。M&Aの条件を確認しながら進めることが大切です。

名義株式、株主の分散……スムーズな事業承継のための留意点

名義株式とは、他人の名義を借りて、株式の払い込みがなされた株式のことです。平成2年に改正される前の商法では、株式会社設立時の発起人を7人以上とする必要があり、この要件を満たすために、たとえば親しい知人の名義を借りて創業者が株式の払い込みを行うようなケースはよくありました。そのため、株式の名義と払い込んだ人が異なる、という事態が生じてしまっていました。

名義株式の帰属は名義人ではなく、実際に払い込んだ人にある

このような名義株式の帰属について、判例は、次のように名義人ではなく実際に払込みを行った人に帰属するとの判断を示しています。

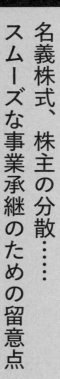

他人の承諾を得てその名義を用い株式を引受けた場合においては、名義人すなわち名義貸与者ではなく、実質上の引受人すなわち名義借用者がその株主となる（最判昭和42年11月17日）。

名義株式の問題は、たとえば106ページのように、会社経営者が亡くなり、その相続人が遺産である自社株数を確認したところ、経営者以外の名義になっている自社株式が発見され、相続人と名義人との間でその株式の帰属をめぐって争うというかたちで相続発生時に顕在化することが少なくありません。そして、当事者間で名義株式の帰属について話し合いがつかなければ、最終的に**株主権確認訴訟**を提起して、裁判所の判断を仰ぐことになります。

誰が実質上の株主かを認定するにあたっては、株式取得資金の拠出者、名義貸与者と名義借用者との関係や合意の内容、株式取得の目的、取得後の利益配当金や新株等の帰属状況、名義貸与者・名義借用者と会社との関係、名義借りの理由の合理性、株主総会における議決権の行使状況などを総合して判断されます。

分散した株式を集中させるための株式譲渡

退任した元役員など複数人がその会社の株式を保有しているような場合、分散した株式を後継者に承継させることができないとなると、円滑に事業承継ができない可能性も出てきます。そこで、このような場合には、**事業承継の前に元役員などから株式の譲渡を受けておいたほうがよい**でしょう。

普通株式については、会社側から株主に対し、株式譲渡を法的に強制することはできません。そのため、株主の同意を得て譲渡してもらう必要がありますが、非上場株式を譲渡する場合、株価についての客観的指標がなく、譲渡代金をいくらとするか当事者間で争いになることが少なくありません。

そこで、まず純資産価額方式や類似業種比準方式、配当還元方式など会社規模や株主構成に適した計算方法により適正株価を算出したうえで、スムーズに株主の同意を得るためにも、一定のプレミアムを上乗せした価格を譲渡代金として提示することも検討してみてもよいでしょう。

取締役・従業員に対するトラブルは事業承継前に対処しておく

会社と役員の関係は委任契約であり、役員は会社に対し、善管注意義務や忠実義務を負っています。

そして、役員がその義務に違反すなわち役員としての任務を懈怠した場合には、**任務懈怠責任**として会社に対して損害賠償の責任を負います。

事業承継時に顕在化する役員の任務懈怠責任

任務懈怠責任は、主に次ページ図表に挙げたような場面で発生します。

事業承継の実行にあたって、会社に法的な課題がある場合には事業承継前に解決しておくべきです。

任務懈怠のある役員の問題も後継者に対応させるのは酷といえますので、事業承継を進め

| 任務懈怠責任が生じる場面 |

● 法令、定款に違反する行為を行った

● 監視・監督義務を怠り、会社の違法行為を見逃した

● 利益相反の失敗により会社に甚大な損害を与えた

など

る前に任務懈怠責任の追及を検討するべきでしょう。

不祥事への対応も事業承継の前に

役員や従業員が、たとえば業務上保管する会社のお金を私的に流用した場合、刑事上は業務上横領罪（刑法253条）にあたります。一方で民事上は、不当利得の返還、不法行為の損害賠償責任を負うことになります。

このような役員や従業員の不祥事についても、放っておかずに発覚したときに責任追及を検討することが大事です。それが、結果的にはスムーズな事業承継につながります。

【共同監修者】

円満相続を応援する
士業の会

星野《ほしの》　一明《かずあき》

行政書士

平成24年行政書士登録後、行政書士事務所一燈を開業。
当事務所は相続・遺言を専門におこなっており、相談から書類作成・手続きまで、各士業と連携しワンストップで相続業務をサポートしております。まずはご相談におこしください。

【行政書士事務所一燈】
〒321-1261　栃木県日光市今市763-1
TEL：0288-25-3330　FAX：0288-25-3331
E-mail：hoshino@sonae-itto.com　URL：http://www.sonae-itto.com

松井《まつい》　達也《たつや》

代表税理士

当事務所の相続担当スタッフは全員が「税理士」の有資格者です。経験豊富な税理士が、お客様一人ひとりの想いを大切に、生前から相続後のことまで一貫して親身に対応いたします。無料相談もおこなっておりますので、お気軽にお問い合わせください。

【税理士事務所グレイス】
〒185-0012　東京都国分寺市本町3-11-17 ビルドシティプラザ4F
TEL：042-316-8566　FAX：042-316-8587
E-mail：t-matsui@mmmtax.com　URL：https://grace-souzoku.jp/

井上《いのうえ》　真《まこと》

税理士

平成6年税理士登録後、井上会計事務所を事業継承。東京渋谷の地において昭和39年から55年以上続く税理士事務所です。当事務所は弁護士等の他の専門家や金融機関と様々なネットワークがあり、お客様にあらゆるサービスを提供しサポートしております。
政治資金監査人・認定経営革新等支援機関

【井上会計事務所】
〒151-0051　東京都渋谷区千駄ヶ谷5-16-16-12階
TEL：03-3352-7891　FAX：03-3352-8440
E-mail：mako-inoue@tkcnf.or.jp　URL：http://www.tkcnf.com/inoue

髙橋《たかはし》　光彦《みつひこ》

税理士・代表取締役

弊所は、司法書士・弁護士・FP・不動産鑑定士等の各分野の相続のスペシャリストと共に、ワンストップで毎年100件を超える相続問題の解決に取り組んでいます。お客様にとって難解な相続税の仕組みや相続の手続きについて、お客様の側に立った分かりやすい説明を心がけています。

【髙橋光彦税理士事務所】【株式会社ひまわり財産コンサルティング】
〒171-0022　東京都豊島区南池袋3-13-9　ビスハイム池袋1203号
TEL：03-5944-9613　FAX：03-5944-9614
E-mail：takahashi@3-flower.com　URL：http://www.takahashi3215.jp/

永川《えいかわ》　輝行《てるゆき》

税理士・経営学修士（MBA）

創業 50 年の豊富な経験を生かした相続対策を得意とし、相続を専門とする弁護士や司法書士と連携したワンストップサービスを提供している。
都内各地で相続対策の重要性を伝えるセミナー活動をする一方で、相談者の相続トラブルを解決するため 2017 年に渋谷相続相談室を開設。相談は随時受付中。

【税理士法人永川会計事務所　渋谷相続相談室】
〒 150-0002　東京都渋谷区渋谷 2-19-20　　VORT 渋谷宮益坂Ⅱ 5F
TEL：03-6805-0841　FAX：03-6805-0842
E-mail：kaikei@eikawa.jp　URL：https://www.eikawa.jp

河村《かわむら》　剛《たけし》

税理士・公認会計士・中小企業診断士・宅建士・FP2 級

当事務所は相続生前対策、相続税申告に力をいれており、専門スタッフも充実、さらに、法律・遺言・登記・不動産等の専門家、各士業とも連携しておりますので、ワンストップで相続業務をサポートしております。代表は、元銀行マンであり、銀行、税理士法人において、中小企業オーナー等のお客様の相続･贈与生前対策、相続税申告、自社株、事業承継対策に係る多数の案件を担当してきました。まずは無料相談におこしください。

【河村剛公認会計士・税理士事務所】【株式会社パートナーズ総合会計】
〒 493-8003　愛知県一宮市北方町中島南辻ノ内 20-45-211
TEL：0586-82-0872　090-6599-7304　FAX：0586-82-0873
E-mail：kawamura.takeshi@rouge.plala.or.jp　URL：https://kawamurakaikei.tkcnf.com/page2

和泉《いずみ》　匡紀《まさき》

税理士

地方自治体で 32 年間の勤務経験を持つ稀有な税理士。全国で唯一橋の通行に税を賦課する「法定外普通税　泉佐野市空港連絡橋利用税」の導入担当を務める。農林水産課長も歴任し農地の相続にも明るい。多くの住民と接した経験から、「依頼者の気持ちに寄り添う努力を怠らないこと」を信念としています。

【和泉匡紀税理士事務所】
〒 590-0532　大阪府泉南市北野 2 丁目 2 番 17 号
TEL：072-485-1835　FAX：072-485-1835
E-mail：izumi-zeimu@jcom.zaq.ne.jp

藤川《ふじかわ》　剛士《たかし》

税理士・日本M＆A協会理事会員

当事務所は相続に特化した部隊を中心に、お客様に長期間ご安心頂くための二次相続対策提案や準確定申告など、相続の総合サポートを行っております。また、弁護士や司法書士、不動産業者と連携しており、遺言や家族信託、不動産売却等もワンストップで相談可能です。初回相談は無料ですので、どうぞお気軽にお問い合わせください。

【税理士事務所 bestBALANCE】
〒 810-0041　福岡県福岡市中央区大名 2-2-50　大名 DT ビル 3-B
TEL：0120-275-270　FAX：092-737-0710
E-mail：info@tax-bestbalance.com　URL：https://www.tax-bestbalance.com/

初瀬《はつせ》　克己《かつみ》

税理士・行政書士・認定登録 医業経営コンサルタント・認定登録 M＆Aシニアエキスパート・大分県事業引継ぎセンター マッチングコディネーター・大分県医業勤務環境改善支援センター運営協議会委員・南九州税理士会大分支部 税務支援対策部員

1969年生まれ税理士、行政書士。

お客様あっての稼業でございます。

たとえそれが難しい問題であっても、弁護士、公認会計士、司法書士、社会保険労務士、行政書士、土地家屋調査士、不動産鑑定士と連携しながら、対応・解決させていただきます。

【初瀬克己税理士行政書士事務所】
〒870-0938　大分県大分市今津留2丁目1番27号ラトゥール今津留402号室
TEL：097-556-7100　FAX：097-556-7111
E-mail：hatsuse@gaea.ocn.ne.jp　URL：https://hatsuse-tax.com/

●さくいん

栃木県
行政書士事務所一燈　星野　一明 …… 260

東京都
税理士事務所グレイス　松井　達也 …… 260
井上会計事務所　井上　真 …… 260
髙橋光彦税理士事務所／株式会社ひまわり財産コンサルティング　髙橋　光彦 …… 260
税理士法人永川会計事務所　渋谷相続相談室　永川　輝行 …… 261

愛知県
河村剛公認会計士·税理士事務所／株式会社パートナーズ総合会計　河村　剛 …… 261

大阪府
和泉匡紀税理士事務所　和泉　匡紀 …… 261

福岡県
税理士事務所bestBALANCE　藤川　剛士 …… 261

大分県
初瀬克己税理士行政書士事務所　初瀬　克己 …… 262

【監修者】
細越善斉（ほそごえ・よしひと）
CST法律事務所　代表弁護士
「大相続時代におけるお客様の権利を実現する」をミッションに掲げ、地主、中小企業オーナー、会社役員、資産家の顧客層を中心に、遺産相続紛争や税務争訟の法務サポートを行っている。各種雑誌やメディアの取材、書籍執筆の実績のほか、金融機関主催セミナーの講師実績も多数有り。

【共同監修者】
円満相続を応援する士業の会
遺産相続は、場合によっては親族間での遺産争いになることがあり、「争続（争族）」などと揶揄されることがあるほどトラブルの生じやすい問題でもあります。そのような問題をはじめ、いろいろな悩み事の解決を総合的に行っている会計事務所・行政書士事務所です。遺言や贈与はもちろんのこと、円満な相続を行っていただくためのお手伝いをします。

【著者】
エッサム
昭和38年（1963年）の創業以来、一貫して会計事務所及び企業の合理化の手段を提供する事業展開を続けております。社是である「信頼」を目に見える形の商品・サービスにし、お客様の業務向上に役立てていただくことで、社会の繁栄に貢献します。

構成：菱田編集企画事務所
本文ＤＴＰ：イノウエプラス

普通《ふつう》の家《いえ》でも起《お》こる
相続《そうぞく》トラブル対策入門《たいさくにゅうもん》

〈検印省略〉

2021年 3 月 22 日 第 1 刷発行

監 修 者——細越善斉
共同監修者——円満相続を応援する士業の会
著 者——エッサム
発 行 者——佐藤和夫

発行所——株式会社あさ出版
〒171-0022 東京都豊島区南池袋 2-9-9 第一池袋ホワイトビル 6F
電 話 03 (3983) 3225 (販売)
03 (3983) 3227 (編集)
F A X 03 (3983) 3226
U R L http://www.asa21.com/
E-mail info@asa21.com
振 替 00160-1-720619
印刷・製本 (株) シナノ

facebook http://www.facebook.com/asapublishing
twitter http://twitter.com/asapublishing

ISBN978-4-86667-266-3 C2034